무작정 **퇴사**, 그리고 **캐나다**

황서영

서고

서고

차례

프롤로그   007

1장
개인주의가 허락한 다양성

- 그들의 색다른 동거   016
- 밥 정은 없지만 깔끔함이 있지   026
- 사전 승인을 받지 않은 오지랖 금지   036
- 파티에 참석하려면 '남자' 필수 지참?   044
- '패션테러리스트'와 '패션피플'의 도시   052
- I형이 E형이 되는 마법 같은 공간   060
- 다정한 약쟁이 친절한 노숙자   072
- 그남자 그여자 그리고 우리들의 '사정'   082

2장
언어가 곧 문화라는 진리

- 나이를 잊는 나라   102
- 나이도 성별도 없는 이력서   112
- 영어가 인권이다   120
- 영원한 차선책을 선택하는 의지   128
- 그 때 그 시절 '라떼'에 갇힌 사람들   138

3장
오, 필승 코리아!

- 캐나다엔 인종차별이 없다?   150
- 캐나다 정부와 대화할 땐 맥주가 필요해   158
- 햄버거 하나 '사딸라'라면서요?!   166
- 마트 경품 추첨 1등을 하려면   174
- 겸손과 과묵은 가난만 연장시킬 뿐   180
- 내 영어를 키운 건 팔 할이 고객센터   188
- 코로나보다 무서운 것   196

4장
감동과 질투의 순간들

- 혼나지 않는 아이들   208
- 나는 왜 애꿎은 신발끈을 그렇게 묶어댔나   216
- 곧 죽어도 낫 배드   224
- 이혼을 축하해 달라고?   232
- 휠체어가 날아다니는 나라   240
- 자연이 만드는 농담들   248
- 명품보다 힙한 깨진 아이폰   258
- 모든 컬러가 용서되는 곳   264

에필로그   273

프롤로그

  8년 전까지만 해도 그럭저럭 괜찮은 인생이라고 생각하며 많은 것을 누리며(그리고 그것은 대부분 '젊음'과 번듯한 회사명함이었다.) 살고 있었다. 그런데 이십대 중반을 넘기고 후반의 문턱에 들어서자 주변 사람들의 분위기가 급작스럽게 달라졌다. '주가가 폭락'하기 전에 팔리지 않으면 큰 일이라도 난다는 듯 다들 나를 결혼 시장으로 떠밀었다. 그냥 그렇게 남들이 하는대로, 또 남들이 하라는 대로 어설픈 화장을 하고 적당한 원피스를 입은 채 떠미는 대로 별 생각도 저항도 없이 떠밀려 다녔다. 그렇게 20대의 후반을 보내다 2014년 많은 일들이 내게 일어났다. 몸은 이유없이 아팠고, 마음은 롤러코스터를 탔다. 그러다 어느날 문득 이상한 기분이 들었다. 이러다 정말 내가 입고 있는 원피스와 화장처럼 '적당하고 어설픈' 미래가 나의 유일한 미래가 될 것만 같았다. 상상해보니 그건 싫어서 덜컥 겁이 났다.

  멀쩡한 회사가 갑자기 망하거나, 내가 기업 기밀을 유출시키는 대형 사고를 치지 않는 한 4년 간 성실히 고과 점수를 채워온 나는 두어 달 뒤면 대리로 진급을 할 터였다. 마음이 급해졌다. 조금 더 번듯해진 직급과 조금 더 올라간 연봉계약서에 사인하는 순간 그걸로 끝일 것만 같았다. '황대리'는 더이상 무모하지 못할 것이다. 그러니 황사원일 때 마지막 용기를 내야했고, 결국 2014년 크리스마스 이브, 마지막 퇴근길을 걸었다. 딱 떨어지게 설명하기 힘든 어떤 힘에 이끌려 사고(?)를 일단 치긴 했는데 마지막 퇴근길을 걷는 그 순간까지도 불안한 마음이 걸음걸음마다 고개를 들이밀며 '이렇게 무작정, 진짜 잘 할 수 있는거냐' 며 반문해왔다.

반납함에 4년 간 동고동락했던 손때 묻은 사원증을 떨어뜨리기 전에 한참을 쳐다봤다. 내 인생 첫 직장, 취직에 무사히 성공했다는 벅찬 환희가 고스란히 담겨있는 천진난만하고 행복한 웃음을 짓고 있는 내 얼굴. '그래 그 땐 몰랐지, 이렇게 일찍, 그것도 갑자기 회사를 뛰쳐나오게 될 줄은.' 사원증에게 작별인사를 하고 매일 들락날락했던 보안검색대를 통과하고 회사 밖으로 나오자, 12월의 겨울 바람이 더욱 차갑게 느껴졌다. 알몸으로 황량한 시베리아에 홀로 서 있는 것 같은 두려움이 찬 바람과 함께 '훅' 하고 파고들었다. 하지만 이미 사인(sign)한 사직서는 제출되었고, 사원증은 더 이상 내 것이 아니었다. 다시 회사로 돌아가 전부 없던 것으로 해 달라며 인사과 부장님의 바짓가랑이를 잡을 수는 없는 노릇이었다. 그날 불도 켜지않은 방에서 밤이 새도록 내가 흘린 눈물은 두려움 때문이었는지, 4년간 고생한 스스로를 위한 위로였는지, 앞으로 펼쳐질 미래에 대한 달뜬 설렘이었는지, 아니면 그 모든 것들이었는지 잘 모르겠다.

퇴사 후 한 달 동안 쓰던 물건들을 어느정도 처분한 후, 내 몸만 한 이민 가방 두 개와 함께 캐나다행 편도 비행기를 탔다. 모든 것이 순조롭기만 할거라고 감히 생각하진 않았지만 생각보다 훨씬 호락호락하지 않았다. 비행기를 타고 이국의 땅을 밟기만 하면 총천연색 자유와 오색찬란한 기회들이 증정품처럼 자동으로 따라오는 줄 알았는데 내 영어는 결코 '퍼펙트'하지 않았고, 호기로 충만했던 이민 생활은 '쿨'하기만 하지 않았다. 초반에는 낯선 여행지에서 느끼는 설렘과 들뜬 기분을 얼마간 느끼긴 했지만 낯선 자유에서 오는 해방감은 백 일 정도 지나자 적응과 생존이라는 벽 앞에 한 없이 작아졌다.

자유분방한 삶을 꿈꾸었으나 오히려 더 작은 세계에 갇힌 느낌이 들 때가 많았다. 아무도 나를 구속하지 않는데도 이상하게 스스로를 가두고 있다는 느낌이 들었다. 사실 딱히 불안해하고 있다거나 주눅 들어 살고 있다는 생각을 전혀 하지 않았지만 5년 만에 한국 땅을 밟자마자 원효대사의 해골물에 버금가는 깨달음을 얻었다. 내 나라에서, 내 언어로, 나를 둘러싼 사람들과 같은 얼굴을 하고 산다는 것이 얼마나 편하고 안락했던가……. '오, 필승 코리아!' 2002년 한일월드컵 때 못지않은 애국심이 폭발했다. 들숨에 편안함, 날숨에 안정감. 미세먼지 체크 어플은 '외출 주의'를 띄우고 있었지만 오랜만에 찾은 조국의 공기는 믿을 수 없을만큼 달고 달았다.
'떠나보니 행복하신가요?'
라는 질문을 많이 받는다. 나는 아직도 바로 대답하지 못한다.
안 좋은 건 아닌데 그렇다고 또 좋기만 한 것도 아니라서 Yes or
No 로 대답할 수가 없다. '사람 사는 거 다 똑같죠, 뭐. 좋은 점도
있고 나쁜 점도 있어요'하고 대답해오다 어느날은 문득, 그 질문이
다시 내게 물었다.

'그래서 너는 진짜 무엇때문에 여기서 힘들게 버티고 있는 건데?'
답을 찾고 싶었다. 두루뭉술한 대답이 아닌 진짜 내가 이 곳에
있는 이유, 있어야 하는 이유, 그리고 나는 정말 여기서 행복한 건
지 알고 싶었다. 그러려면 나 자신과 긴 대화를 나눠야 했다. 2014
년으로 돌아가 그 때의 나를 만나 이야기를 시작했다. 수 년을 적
응과 생존을 위해 버텨왔지만 캐나다에 산다는 것에 대해서 어떤
것을 내가 더 중요하게 생각하고, 어떤 것은 포기할 만한 것인지

내 안의 기준과 중심을 만드는 작업이 필요하다는 생각이 들었다. 그래서 오랫동안 방치해 둔 빨래 더미 같은, 내 안에 쌓아 둔 두서없는 경험들을 꺼내 말린 빨래를 차곡차곡 개 듯 정리하는 마음으로 써내려갔다.

글 사이사이에 삽입된 사진들은 2015년부터 필름카메라로 담아온 캐나다의 모습들이며 편집이나 보정을 하지 않고 원본 그대로 실었다. 오래된 카메라라 빛이 샌 것도 있고, 현상 문제로 색감 왜곡이 심한 것도, 그리고 포커스가 엉망인 것도 있지만 그 순간의 '진짜 빛'을 담아내는 필름 사진이 가지는 '날 것'의 느낌이 좋았다. 그 사진들을 보며 두서없던 기억들을 정리하고 다듬을 수 있었기에, 이 책을 읽는 독자분들이 캐나다를 상상하는데도 도움이 될 수 있지 않을까 하여 담아보았다.

캐나다 땅에 혼자 서 있는 것 같지만 혼자 해 낸 것은 사실 아무

것도 없었다. 마지막 출근 날 보냈던 퇴사 인사 이메일에, '회사 안에 있다고 해도 하루하루 불안한 것은 마찬가지'라고 용기를 주셨던 강부장님의 이메일 답신, 출국날 인천공항까지 배웅을 오셨던 김과장님(이제는 대표가 되신)의 튜브형 고추장 세트, 캐나다에서 만났던 인연들과 스친 크고 작은 옷깃들, 그리고 캐나다를 매력적인 곳으로 느끼게 해준 사람들이 있었기에 지금의 내가 있을 수 있다는 것을 안다. 감사한 일이다. 그리고 그 누구보다도, 뱃속에서부터 삼십년이 넘는 세월동안 평범함과 무난함을 거부하며 사는 골칫덩어리 딸을 변함없이 믿고 지지해준 사랑하는 엄마 혜순씨에게 미안함과 함께 가장 큰 감사의 마음을 전하고 싶다. 엄마가 아니었다면 내 인생이 이렇게 무모한 도전으로 충만하지 못했을 거라고.

무작정 퇴사, 그리고 캐나다

1장

개인주의가
허락한 다양성

그들의 색다른 동거

초등학교 3학년 사회시간에 배웠던 인간 생활에 필수적인 3요소로 인간의 유형을 나눠볼 수 있을까? 반지하 월셋방에서 지나가는 사람과 눈이 마주치는 김에 눈인사를 주고 받으며 매일 편의점 도시락을 먹지만 마음에 드는 옷이 없으면 절대 외출하지 않는 사람, 5평 원룸에 살면서 잘 때 입는 옷과 외출복을 굳이 구분하지 않지만 전국 팔도 맛집을 돌아다니는 것이 취미인 사람, 그리고 다른 건 몰라도 절대 '내 공간'만큼은 절대 포기할 수 없는 사람. 대다수 사람들은 하나만 꼽으라면 선택하기 힘들어 할 것이다. 그래서 어느 것 하나도 포기할 수 없어 그 3가지 모두가 하나같이 중요하다고 여길 수도 있다. 나는 만약 누군가 물어본다면 질문이 끝나기도 전에 외칠 수 있다. '주여!'. 나는 무조건 공간이다. 호화롭고 넓은 집에서 월세를 나눠내며 타인과 함께 지내는 것보다 달팽이 등껍질만한 사이즈라고 해도 혼자만의 시간을 보장받을 수 있는 나만의 공간을 선택하고 싶은 부류다. 건축학개론의 승민이 수치심에 울부짖었던 제우스(Geuss) 티셔츠를 교복처럼 매일 빨고 말리며 입을 수 있고, 올드보이의 오대수가 15년 간 복수심으로 씹어 삼키던 군만두도 삼시세끼 매일 먹을 자신이 있다. 그러니까 내 공간만 얻을 수 있다면 말이다.

홈스테이에 딱히 문제가 있는 것은 아니었다. 오히려 너무 완벽할 정도였다. 점심에 떡볶이 한 접시를 나눠주면 그날 저녁 야외 삼겹살 파티를 열어주는 홈스테이 주인 아주머니 아저씨는 한없이 자애로웠고, 흔히들 겪는 홈메이트들 간의 갈등조차 없었다. 일본, 베네수엘라, 터키에서 어학연수를 온 혈기왕성한 그들은 캐나다를 즐기기에도 너무 바빴다. 그래서 홈스테이집에서 나와 마주칠 일이 거의 없었기 때문이었다. 가끔 방문 너머 화장실에서 들리는 물소리와 생각보다 빨리 줄어드는 식탁 위의 누텔라(Nutella)잼 통을 통해 그들이 실존 인물이라는 것을 확인 할 뿐이었다.

하지만 두 달쯤 지나자 이정도면 됐다 싶었다. 완벽하게 혼자있을 수 있는 나만의 공간이 절실하게 필요했다. 아침부터 가사를 알 수 없는 아랍계로 짐작되는 음악소리가 옆 방에서 하루종일 울려 퍼지던 날 샤워를 마치고 눅눅해진 바지에 다리를 거우 끼워넣으며 생각했다. '홈스테이 경험은 이 정도면 충분하다.' 이제 이런 공동 생활을 끝낼 때가 되었음을 직감했다. 키지지(kijiji), 크레이그리스트(Craigslist), 한국의 포털 사이트 카페 등을 밤낮없이 뒤지며 혼자 지낼 수 있는 월세 매물을 찾기 시작했다. 익히 들어 명성(혹은 악명?)은 알고 있었지만 직접 시장 매물을 눈으로 확인하니 믿기지가 않았다. 캐나다 도시의 주거비용이 심하게 높다는 것을 알고 있었지만 이 정도일 줄이야. 의식주 관련 모든 물가가 대체로 높은 편이지만 그 중에서도 주거비용은 농담인가 싶을 정도로 받아들이기 어려웠다. 강남구 압구정동, 청담동, 그리고 서초구 반포동 같은 특수 동네와 비교하면 상대적으로 저렴한 곳도 있겠지만 서울의 극단적인 동네를 제외하고는 캐나다 대도시의 평균적인 주거비용은 체감상 한국보다 훨씬 높게 느껴진다. 집 값이 천정부지다 보니 당연히 월세도 높을 수밖에 없고 상위 10퍼센트의 고소득자를 제외하면 일반적인 사람들의 한 달 수입의 대부분은 렌트비로 소비된다고 봐도 무방하다. 한국처럼 전세 개념이 없는 캐나다는 집을 소유하지 못하면 아파트가 됐건 하우스가 됐건 월세를 내고 살아야 하는데 피치 못할 사정으로 수입이 줄거나 없어지는 경우 그대로 거리로 쫓겨날 수밖에 없어 캐나다 대도시에는 노숙자가 큰 골칫거리다.

홈스테이를 한 지 2달이 지나갈 무렵, 귓가를 파고들며 '아라비안나이트'로 빠져들게 하지도 않는 '아랍 음악과 눅눅한 바지'를 더 이상 참을 수 없는 지경에 다달았다. 생존(?)을 위해 필사적으로 인터넷을 뒤지던 어느 날, 눈이 번쩍 뜨일 정도의 부동산 매물을 발견했다. 전체적으로 깨끗해보였고, 필수적인 가구들(침대, 책상, 식탁 정도)도 제공되는 것이 마음에 들었다. 토론토의 높은 주거비용을 생각하면 월세 900달러짜리 '원베드룸(구분된 방이 1개 있는 방의 형태)은 충분히 매력적이었다. 실제로 본 집은 생각보다 더 마음에 들었고 이 매물을 꼭 잡아야겠다는 생각에 10분만에 계약 결심을 했다. 그리고 거실에 있는 물건들을 가리키며 집 주인에게 물었다.

"그런데 여기 살고있는 세입자는 언제 나가기로 되어있나요?"

"이 사람들은 거실에서 계속 살거예요."

"……???!"

알고 봤더니 12평 정도의 집에 총 3명이 모여서 함께 살고 있었다. 거실에는 자매 2명이 살고 작은 화장실이 딸린 방에는 다른 사람이 쓰고 있었는데 마침 그 방을 쓰던 세입자가 나가게 되어 새로운 세입자를 구하는 것이었다. 그러니까 내가 본 매물은 집 전체가 아니라 방 하나였고 거실에는 간이 파티션을 둔 채로 자매가 계속 살 예정이었던 것이다. 어쩐지……. 시세 대비 드물게 좋은 가격이더니……. 내 실수에 대한 창피함은 차치하고 900달러가 단지 방 한 칸에 대한 월세라는 사실이 너무도 충격적이라 집 주인의 설명이 귀에 들어오지 않았다. 좀 더 생각해보겠다는 '거짓말'을 하고 돌아온 나는 인터넷 사이트에서 그 매물을 다시 들여다봤다. 제목에 분명히 명시되어 있었다. '베드룸 렌트'라고……. 방이 제법 크긴 했지만 단지 방 하나를 빌리는데 월세가 900달러라고는 상상도 못 했기에 게시글 제목을 눈여겨볼 생각을 못했던 것이다.

오래된 소형 아파트이긴 했지만 한국에서 회사를 다닐 적에 개인 공간에 대한 달콤한 자유의 맛을 이미 알아버린 슈퍼 I형 인간은 온갖 웹사이트를 이 잡듯 뒤지며 프라이버시를 지키겠노라 의지를 다졌건만 타협할 수 있는 입지 조건의 마지노선까지 고려해도 1,200 달러 이하(2015년 기준, 지금은 2배 이상 올랐다.)는 도무지 찾을 수가 없었고 결국 홈스테이 연장 계약서에 사인을 해야했다.

상황이 이렇다보니 조금이라도 주거비용을 절약하기 위해서는 원치않는 동거를 선택하지 않을 수 없다. 완벽한 프라이버시만 포기한다면 훨씬 낮은 비용으로 넓은 거실과 각종 부대시설을 누릴 수 있기 때문이다. 그래서 한국에서는 쉽게 볼 수 없는 다양한 동거의 형태를 많이 접한다. 하루는 동료와 함께 일을 하며 이런저런 이야기를 하다 알게 되었다. 며칠 전 환갑(?)이 지난 동료 D는 사귄지 2년 이 된 여자 친구 집에 6개월 째 (얹혀) 살고 있고, 12년째 근무하고 있는 Peter(한국으로 치면 부장쯤 되는)는 방 2개 짜리 아파트에서 친구와 함께 살고있었다. 놀라운 점은 이것이 'Peter부장'만의 아주 특별한 경우가 아니라는 것이다. 나이도 지긋하고 고정 수입도 있는 사람들도 홈메이트를 구해 함께 사는 경우가 많다. 처음에 Peter 부장과 잡담을 하다 홈메이트와 맥주를 마시고 어쩌고 하는 이야기를 들었을 때 '홈메이트'라는 단어를 내가 잘못 들은 것이 아닌가 싶었다. 그는 꽤 안정적인 수입이 있었기 때문에 전혀 예상하지 못했다. 내 또래의 남자 동료 F는 어쩌다 알게 된, 자기보다 스무 살이 많은 중년의 여성과 동거를 하고 있다고 했다. 그리고 그 동거인을 무슨 이유에서인지 'mom'이라고 불렀고 연인 사이냐는 질문에 크게 손사래를 쳤다.

한국에서는 나이와 사회적 지위에 따라 어느 지역에서 어떤 수준의 집에 거주해야 한다는 암묵적인 잣대 같은 것이 있었다. 회식 자리에 있다 보면, "이제 부장 진급도 하셨는데 서울 입성하셔야죠?" 부장이나 됐으면 경기도에서 벗어나 인서울(in Seoul) 해야 하지 않겠냐는 말이었다(부장이 조선시대 영의정이나 좌의정 같은 정승도 아닌데 굳이 서울에 살아야 할 이유는 무엇인가). "박대리 이제 내년이면 서른 중반인데 언제까지 오피스텔 월세 살거야? 아파트 전세로 넘어가야 하지 않아?"(서른 중반에 이르도록 '월세' 사는 것이 마치 덜떨어진 것이기라도 한 것처럼 말이다.) 반면 이곳에서는 '이래야 한다'는 기준이라고 할게 딱히 없다. 기준이 없으니 정답이 없고 오답도 없다. 다른 사람을 손가락질을 하지도, 스스로 창피해하지도 않는다. 가족, 친구, 연인, 동료, 그리고 뭐라 명징하게 정의할 수 없는 관계까지……. 다양한 동거인과 다양한 주거형태의 삶을 보며 신기해하다가, 30년 간 한국에서 보고 자란 것(그리고 주입당한 것)들이 나도 모르게 내 속에 고정관념과 잣대를 만들어 세우고 있었음을 깨달았다.

이번 달 월세를 내는 날이 어제였다는 걸 깨달았다. 벌써 한 달이나 지났다고? 한 달이 훌쩍 넘은 것 같은 월급날은 이제 겨우 일주일이 지났고, 지난 달 월세를 낸지는 일주일밖에 안된 것 같은데 벌써 한 달이 지났다는 것은 아직도 풀리지 않는 미스테리다.

알아두면 '은근' 쓸데있는 신박한 팁

알쓸신TIP

#01 처음 캐나다에 와서 '원베드룸'이 한국의 '원룸'과 같은 것인 줄 알았다. 한국의 오픈형 원룸의 개념은 이 곳에서는 '스튜디오(studio)' 혹은 '배출러(bachelor)'라고 부른다. 화장실 외에는 구분된 방이 따로 없고 하나의 공간에 부엌과 침실, 거실이 다 들어가있는 집이다. 반면 북미의 '원베드룸'은 말 그대로 구분된 침실이 따로 있는 구조로 한국의 분리형 원룸과 비슷하다. 가장 저렴한 형태의 작은 집이나 숙소를 찾는다면 '원베드룸'이 아닌 '스튜디오'나 '배출러'를 찾아 시간낭비를 예방하자.

밥 정은 없지만 깔끔함이 있지

더치페이란 2명 이상의 단체가 모여 어떤 재화나 서비스에 대해 돈을 계산할 때, 한 사람이 한꺼번에 계산하지 않고 각 개인이 취한 부분에 대해서 돈을 따로 치르는 계산 방식을 뜻한다. 순화어는 각자내기이다. 일본어에서 온 속어로는 뿜빠이(일본어: 分配)라는 표현도 있다. _{출처 : 위키피디아}

더치페이는 영국에서 나온 말이라고 하지만 원래는 네덜란드어의 '대접한다'는 의미로 쓰인 것인데 영국에서 더치(Dutch)를 부정적인 단어로 취급하면서 페이(pay)를 붙여 각자 지불한다는 뜻으로 바뀌었단다. 한국에서는 거의 경험한 적이 없던 더치페이가 캐나다에서는 '디폴트' 즉 기본값이라는게 생소했다. 처음에는 적응이 되지 않았다. 특별한 경우 외에는 자신이 먹은 건 자기가 내는 것이 당연한 문화에 적응되기까지 시간이 꽤 걸렸다. 한국에서 십 년 가까이 사회생활을 한 나는 더치페이보다는 '한 턱 문화'에 익숙해져 있었다.

4개월의 어학연수를 마치고 캐나다 컬리지를 다닐 때였다. 그날은 기말고사 마지막 날로, 시험 대신 프로젝트 발표 수업이 있던 날이었다. 5시에 마칠 예정인 수업이 발표가 길어지는 바람에 거의 6시가 다 돼서 끝났다. 마지막 팀의 발표가 끝나자 기말고사를 무사히 끝냈다는 '종강'의 기쁨에 다들 상기됐다. 그 때 교수님이 모두 수고했다며 학교 앞 맥주집에 저녁을 먹으러 가지 않겠냐고 제안했다. 학생들은 '렛츠고'를 외쳤고 나는 교실 구석에서 혼자서 수줍게 기뻐하며 그 '잘못된' 기대를 하고 있었다.

'깐깐하신 교수님이 웬일이시지? 다들 수고했다고 맛있는 걸 사주시려나?!'

뻔한 결론이지만 그런 일은 없었다. 교수님은 자기가 먹은 스테이크와 맥주값만 지불했고, 학생들도 각자가 먹은 음식과 술을 각자 계산했다. 자연스럽고 당연하다는 듯한 그들의 모습을 보며 위화감이 들었다. 잘못된 기대(?)를 하고 있었던 나의 당혹스러움을 들키고 싶지 않았다. 카드 단말기에 카드를 넣고 버튼을 누르고 영수증을 요청하는 일련의 행위를 하면서 한 치의 흐트러짐도 없어 보이게 신경을 썼다. 마치 단 한 번도 교수님이 한 턱 쏘는 것을 상상조차 하지 않았다는 듯이.

민망함으로 따지자면 그것보다 훨씬 심했던 경험도 있다. 영어 학원을 다닌 지 이제 막 1달 정도 지났을 때였다. 수업이 끝날 무렵 영어 선생님이 토론토 영화제가 열린다며 함께 보러가지 않겠냐고 제안했다. 평소 영화제에 관심이 있었던 터라 약속 장소에 시간 맞춰 갔는데 다른 학생들은 아무도 오지 않아 그 선생님과 둘이서 영화를 보게 되었다. 선생님과 단둘이 영화를 보게 된 것이 무척 민망했지만 이왕 이렇게 된 거 나까지 도망가면 안되겠다 싶어 함께 영화를 보기로 했다. 그리고 앞장 서 매표소로 향하는 선생님 뒤를 졸졸 따라가며 어찌할 바를 모르다 용기를 내 말을 꺼냈다.

"영화 보여주셔서 감사합니다. 대신 영화 끝나고 커피든 뭐든 제가 살게요!"

그런데 내가 너무 수줍게 말을 해서 내 말을 제대로 알아듣지 못한 것인지 선생님은 표를 사고 돌아서며 내게 다시 물었다.

"뭐라고요? 잘 못들었는데 뭐가 고맙다고요?"

그가 뒤돌아서며 내게 물었고 나는 대꾸를 할 수 없었다. 그의 손에는 한 장의 영화표가 있었다. 그 순간 내 목구멍에서 신물이 왈칵 솟는 기분이었고 김칫국과 비슷한 맛이 났다.

"아, 네버… 마인……드……."

내가 작게 말해서, 잘 안 들려서 정말 다행이다……. 내가 한 말을 영어선생님이 들었다면? 정말 상상하기 싫은 상황이 연출되었겠지. 나는 왜 당연히 그가 내 영화표까지 사줄 거라고 생각했던 걸까. 선생님이니까, 그가 먼저 영화를 보자는 제안을 했으니까, 그리고 단 두 명이니까, 나는 그가 당연히 내 영화티켓까지 사 줄 거라고 내 멋대로 김칫국을 들이켰다.

물론 이들이라고 항상 더치페이를 고수하는 것은 아니다. 이들도 '한 턱 내는' 상황이 분명 있긴 있다. 상대방에게 고마움을 표시할 일이 있을 때나 '썸을 탈 때'. 아무리 개인주의 문화라 해도 이들도 사람아니겠나. 마음에 드는 상대에게 데이트 신청을 해놓고 '우리 각자 계산하자'며 분위기를 깨진 않는다. 그런 특수한 목적이 있는 경우를 제외하고 일반적인 상황에서는 나이나 사회적 지위가 더 많거나 높다고 해서 다른 사람 몫까지 내주는 것은 부자연스러운 일이었다.

한국에서는 더치페이를 할 일이 거의 없었다. 함께 야근하던 과정님이 '술 한잔 할까?' 해서 가면 굳이 얘기하지 않아도 당연히 과장님이 쏘는 술자리가 되고, 생일 축하의 자리면 생일을 맞은 당사자가 축하를 해주러 모인 사람들에게 고마운 마음으로 한 턱 내는 게 으레 당연했다. 저번에 얻어먹었으면 이번엔 내가 사는 것이고,

1차 술자리를 내가 냈으면 2차 맥주값은 걱정하지 않아도 되는, 그런 게 자연스러웠고 당연했다.

그런데 생각해보면 그 '정'이 매번 순수하기만 할 수는 없었다. '밥 한 번 먹자'는 인사치레로 어찌어찌하다 같이 식사를 하게 되었지만 딱히 편한 사이도 아니고 그렇다고 유쾌한 분위기도 아닌 와중에 이 식사값은 과연 누가 내야 하는 걸까? 를 고민하면서 밥이 코로 넘어가는지 눈으로 들어가는지 모르는 불편한 식사 시간이 되어버린 적이 꽤 있다. 기꺼이 사주고 싶은 마음이 들지 않는다면 그냥 깔끔하게 더치페이를 하자고 하면 안 되는 걸까? 한국에서는 그게 왜 그렇게 어려웠을까?

한국 식당의 지불방식은 더치페이와 맞지 않는다. 일단, 주문부터 개인별로 받지 않는다. '물냉/비냉', 혹은 '짬뽕/짜장' 같은 회사 점심시간 상황이 아니라면 웬만하면 주문을 한 사람이 한꺼번에 한다. 그리고 정겹게 젓가락을 부딪히며 다 같이 나눠먹는다. 음식값 지불도 보통 팀별로 한번에 한다. 회식을 하는데 오겹살 24인분과 된장찌개 12개, 물냉 6그릇, 비냉 6그릇을 먹었다고 하자. 고기는 나눠먹었으니 n분의 1을 하고 냉면과 된장찌개를 먹은 사람 각각 5,900원, 4,900원씩 따로 계산하겠다고 12명 모두가 12장의 신용카드를 내민다면? 당장 그들은 그 식당 블랙리스트 명단에 올라가고 다시는 그 식당 근처에 얼씬도 못하게 될 확률이 높다. 식사의 '정'을 중요하게 생각하는 한국인들의 정서가 식당 문화를 그렇게 만든 것인지, 식당 문화가 그렇다 보니 더치페이가 불편하게 되어 한 사람이 내는 것이 문화로 자리 잡은 것인지 무엇이 먼저인지는 모르겠다.

이런 더치페이 문화가 처음에는 '좀 너무 한데.' 싶어 서운한 마음이 들 때도 있었다. 가령, 선물도 준비해 간 축하의 술자리에서도 철저하게 더치페이를 하고 있으면 솔직히 줬던 선물을 다시 뺏고 싶을 만큼 얄미운 마음이 들기도 했다. 하지만 이젠 오히려 그 편이 편해졌다. 내가 먹은 것과 마신 것을 내가 내는 것이 당연하니까. 특별한 이유 없이 단순히 나이가 더 많다거나 혹은 사회적 지위가 나보다 더 높다고 해서 내 일용한 양식까지 책임져야 할 의무는 없지 않은가. 누가 먼저 밥을 먹자고 제안을 했든 내가 제안을 받아들였고, 덕분에 즐거운 식사 시간이 되었으면 그걸로 만족스러운 일로 받아들이자고 생각을 고쳐먹었다. 식사값에 대한 고민없이 마음 편히 그 시간을 온전히 즐길 수 있고, 하필 '그때' 구두끈을 다시 묶으며 시간을 끌고 있는 상대에 대한 야속한 마음으로 즐거웠던 식사 시간을 망칠 일도 없으니까.

이제 더치페이 문화에 많이 익숙해졌고 오히려 마음이 편한 점 때문에 더 선호하지만 가끔씩 술잔을 돌리면서 젓가락을 스치며 음식을 나눠먹던 한국의 '정'이 가끔 그리울 때가 있다. 코로나 때문에 이제는 마치 전생처럼 느껴지는 그런 순간들 속에는, 깔끔한 더치페이 문화가 자리잡은 이곳에서는 느끼기 힘든 조금 불편하고 부담되지만 그래도 따듯한 '밥 정(情)'이 있었다. 야근을 하다가 우는 소리를 하면 못 이기는 척 징징대는 후배를 데리고 술 한 잔 사주시던 회사 선배들의 안부가 궁금해진다. 아니, 솔직히 좀 많이 그립다.

알아두면 '은근' 쓸데있는 신박한 팁

알쓸신TIP

#02 캐나다의 식당에서 시킨 음식들을 나눠먹고 싶다면 음식을 주문할 때 미리 음식을 공유할 것임을 알려주어야 개인 앞접시와 작은 볼(수프류를 위한)을 따로 준비해준다. 그리고 계산을 할 때도 1/n 나눠달라고 하면 모두에게 같은 계산서(친절히 n빵을 한) 를 준다.

간혹 카드 단말기에 기본 팁을 지나치게 높게 설정해 놓은 얄미운 식당들이 있으니 'ok'버튼을 성급히 누르기 전에 팁 비율이 어떻게 설정되어있는지 잘 확인하자. 나중에 영수증에서 어이없이 많이 낸 팁을 발견했을 땐…… 이미 늦었다.

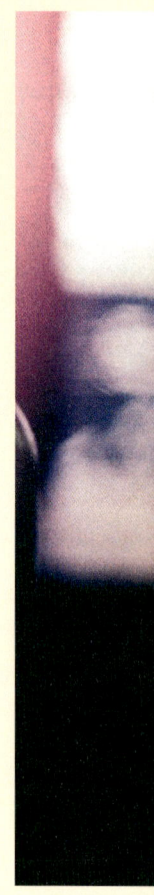

사전 승인을 받지 않은 오지랖 금지

그날은 회사에서 대형 컨퍼런스를 셋업하는 날이라 현장에서 동료들과 짐을 옮기고 있었다. 그런데 내가 옮기려고 들러올린 스피커가 보기보다 너무 무거웠다. 어차피 누군가는 옮겨야 할텐데 무겁다고 다시 내려놓고 더 가벼운 물건을 고르는 건 너무 얌체같은 행동이라는 생각이 들어 그냥 옮겨보기로 했다. 역시나 무리였던지. 몇 걸음 가지 못하고 물건을 떨어 뜨렸고 그 과정에서 손목을 삐끗하고 말았다. 터져나오는 '악'소리를 겨우 삼키며 그대로 주저앉았다. 극심한 통증으로 정신이 혼미해졌고 식은땀을 흘리며 손목을 부여잡은 채 한 참 주저 앉아있었다. 그런 내 모습을 본 동료들이 내 옆을 지나가며 내게 괜찮냐며 물었다. 나는 손목을 다친 것 같은데 곧 괜찮아질 것 같다며 '한국식' 미련을 부렸다. 전혀 괜찮아질 것 같지 않았지만 솔직하게 아파 죽겠다고 하면 왠지 안될 것 같았다. 엄살부리는 것처럼 보이고 싶지 않은 욕심과 그럼에도 불구하고 내가 크게 다쳤다는 것을 알아주길 원하는 마음이 동시에 있었다. 내 표정과 몸짓이 전혀 '괜찮지 않다'고 충분히 표현하고 있었지만 열 명이 넘는 동료들 중에서 적극적으로 걱정하며 다가오는 사람이 단 한 사람도 없었다. 도저히 다시 짐을 들어올릴 수 없을만큼 손목에 통증이 심했다. 오만 가지의 생각이 밀려왔다. 나를 무시하는 상황인가? 인종차별인가? 성차별? 그것도 아니면 나를 왕따시키는 건가? 온갖 창의적인 이유를 갖다붙이며 현장 한복판에서 서러워졌다. 손목의 통증보다 서운한 마음에 눈물이 왈칵 쏟아질 것 같았지만 직장이라는 사실을 떠올리며 겨우 참았다.

시간이 지나고 나서야 인종차별도, 나를 무시해서 그런 것도 아니라는 것을 알았다. 그날은 수일간의 행사를 마무리하고 해체작업을 하는 날이었다. 짐을 내려놓으며 마침 한 숨 돌리는데 저 멀리서 어린아이 몸체만한 조광기(조명광도조절기)를 들어 올리지 못하고 이리저리 씨름하고 있는 여자동료가 눈에 들어왔다. 한눈에 봐도 혼자 다루기에 꽤 무거워 보였고, 혼자 하는 것보다 둘이 하면 금방 끝날 일처럼 보였기에 얼른 다가가 반대편 손잡이를 잡았다. 그런데 '땡큐'를 기대했던 나에게 들려온 말은 놀랍게도 '노 땡큐'였다. 처음엔 그 상황을 잘 이해하지 못해 어찌할 바를 모르고 엉거주춤 서 있었다. 그러다 약간 '언짢아하고 있는 듯한' 그의 표정을 보고 얼른 손을 떼고는 미안하다고 말하며 최대한 빨리 그 자리에서 벗어났다. 그날 이후에도 그런 상황에서 손부터 뻗었다가 상대방으로부터 도움을 거절당하는 일이 자주 있었다. 처음에는 '날 싫어하나?'하는 생각까지 들었다. 도움을 마다하는 상황이 나로서는 잘 이해가 되지 않았다. 백지장도 맞드는 민족의 딸로서 누군가 백지장을 들고 가는 것만 보아도 달려가서 도와주라고 배우지 않았나, 그런데 열에 아홉은 괜찮다며 내 도움을 거절한다. 뭔가 잘못된 것 같았다. 도움이라는 미덕과 손부터 나가는 자동반사적인 내 습관에 대해 다시 생각하고 변화할 필요를 느꼈다.

그렇다고 캐나다 사람들이 유독 도움에 인색한가? 그건 또 아니다. 도움을 받았을 때 고마운 마음을 가지지 않는다는 것도 아니다. 다만 수레를 뒤에서 밀어주기 전에, 아픈 사람을 부축해주기 전에 상대가 도움을 원하는지 의사를 물어보는 과정을 반드시 거치는 차이가 있었다. 시간이 들어도 혼자서 할 수 있는 일이라면 도움을 받지 않고 혼자 해결하게끔 배우고 자란 그들에게, 묻지도 않고 도움을 주는 건 그들의 능력을 과소평가하는 무례한 일이 될 수 있겠다는 생각이 들었다. 자립심과 독립심을 중시하는 환경에서 자라왔다는 사실을 알고 나니 도움을 거절 당했던 상황이 이해가 되기 시작했다. 그러니까 내가 손목을 다쳤을 때에도 내 입으로 '괜찮다'라고 했기 때문에 아무도 적극적으로 도와주지 못했던 것이다. 도움이 필요했다면 '괜찮다'가 아니라 솔직하게 '도움이 필요하다'고 말했어야 했다. 괜찮은 척을 하고 도움을 기대한 나의 명백한 잘못이었다.

국민학교 시절(졸업은 초등학교로 했다.)의 '바른생활 시간'부터 중학교의 '도덕 시간', 고등학교의 '윤리 시간'까지……. 장장 12년에 걸쳐, 힘든 사람, 아픈 사람, 불쌍한 사람을 마주하면 도움의 손길을 내미는 것이 인지상정이라 배웠다. 폐지를 줍는 어르신들이 수레를 끌고 가시면 학교에 지각을 한다 해도 뒤에서 밀어드리는 것을 선택하는 것이, 친구가 아프면 학원에 늦을지라도 하굣길에 부축을 해주며 동행을 하는 것이 정답이라고 배우며 자랐다. 도덕성에 대한 일관성 있는 대한민국 정규 교육 덕분에, 그런 상황이 닥치면 도움의 손길을 내미는 것을, 또 내가 도움을 받을 땐 무조건 감사의 마음을 가지는 것을 당연하게 생각했다. 하지만 12년 간 절대 유일의 진리라고 배웠던 '도움'이라는 개념이 이곳에서는 조금 다른 방식으로 쓰여야 한다는 것을 알게 됐다. 상대방에게 도움을 원하는지 물어보는 절차를 내 마음대로 생략해버리면 도움을 주려다 되려 기분을 상하게 할 수 있다는 것을. 그리고 나는 어쩌면 지금까지 나도 모르는 사이 수 많은 사람들의 기분을 상하게 했을지도 몰랐다. 종류를 막론하고 모든 '오지랖'은 사전 승인단계가 반드시 필요한 법이다.

'손에 손잡고', '좋은게 좋은 것'이라며 무조건 도와주고 도움을 받는 것이 세상을 아름답게 만든다고 믿었던 고정관념을 버렸다. 손을 내밀기 전에 반드시 먼저 그들의 의사를 물어본다. 그리고 나도 웬만하면 혼자 해결할 수 있는 것은 도움을 청하지 않게 됐다.

알아두면 '은근' 쓸데있는 신박한 팁
알쓸신TIP

#03 친절의 나라, 쏘리(Sorry)의 민족. 한국이 '정'이라면 캐나다는 '친절'이다. 실수로 누군가의 발을 밟는다면, 발을 밟힌 쪽에서도 자동반사적으로 'Sorry'가 튀어나온다. 무엇이 미안하다는걸까? 내 발이 하필 그 곳에 있어 네가 발을 밟게 만들었고, 네가 실수를 하여 당황하게 한 빌미를 제공했기 때문에?

하루에 대여섯 번은 꼭 듣는 말이 Sorry다. 옷깃만 스쳐도 쏘리, 머리카락만 스쳐도 쏘리다. 친절의 나라에 왔다면 이 참에 친절한 사람이 되어보는 것도 나쁘지 않다. 뒤에 오는 사람을 위해 문을 잡아주자. 5초에서 10초정도의 짧은 시간 투자로 사람들의 밝은 얼굴을 볼 수 있고, 내가 꽤 근사한 사람이 된 것 같은 기분도 얻을 수 있다.

파티에 참석하려면 '남자' 필수 지참?

한국에서의 회사 생활 중에서 제일 즐거웠던 기억은 '회식', '워크숍', '분기별 특별행사' 같은 것들이었다. 근무의 연장이라며 싫어하는 사람들이 많았지만 회사 때문에 타지생활을 하게 된 나는 회사에서 받아온 샐러드를 원룸방에서 홀로 씹는 것보다 차라리 직장 동료들과 친목 행사가 있는 저녁이 훨씬 좋았다.

캐나다에서도 한국의 타지 생활과 크게 다르지 않았다. 학교 수업이 끝나면 친구도 없었던 나는 숙소에서 밀린 과제를 하거나 영화를 보는 것 외엔 딱히 할 게 없었다. 그런 생활이 계속 이어지고, 내가 도대체 경험을 하러 온 건지 왕따가 되러 온 건지 헷갈리기 시작할 무렵, 같은 과 동기들이 주최했던 파티는 마치 사막 한가운

데서 '와이파이'를 만난 것 같았다.

캐나다의(특히 대학생들의) 파티는 술집이 아닌 누군가의 집에서 열린다. 대개 학교 근처에 살고 있는 자비로운 학생의 거처(?)에서 진행된다. 대부분 대학로 술집에서 개최되는 신입생 환영회, 엠티, 개강파티, 종강파티 온갖 종류의 한국식 술자리 문화에 익숙한 나로선 하우스 파티 문화가 생소했다.

캐나다의 술파티가 술집이나 음식점이 아닌 가정집에서 대부분 벌어지는 이유는 아마도 외식 비용이 가장 큰 요인이 아닐까 싶다. 캐나다는 음식 가격에 세금까지 추가로 내며 거기다가 서비스 팁까지 줘야 하기 때문에 외식비용이 한국에 비해 체감상 2,3배 정도 되는 느낌이다. 한국에서는 친구와 둘이 동네 맥주집에서 1700cc 맥주 피처 하나에 마른 안주 한 접시 시켜 나눠 먹으면 3만원에 즐거운 밤을 보낼 수 있었는데 술값이 훨씬 비싸고 안주를 나눠먹는 문화가 없는 이곳은 1인 1안주가 기본이니 높은 물가에 세금에 팁까지 더해지면 대학생들의 가벼운 주머니 사정으로는 즐거운 술자리가 되기 힘든 것이다. 비싼 물가 뿐 아니라 다른 이유가 있다면 캐나다의 식당은 일찍 문을 닫는다는 것이다. 내 청춘의 방황에 큰 기여를 했던 '24시 뼈해장국'이나 '24시포차'같은 은혜로운 식당을 캐나다에선 찾을 수 없다. 보통 새벽 2, 3시가 넘으면 정부 방침 상 술집에서도 더 이상 술을 팔지 않고 문을 닫으니 한 껏 흥이 오른

새벽에 달리 갈 곳이 없어지는 것이다.

학교에 들어가고 첫번째 기말고사가 끝날 즈음이었다. 처음 보는 번호로부터 문자가 왔다. 한 학기를 무사히 마쳤으니 '퍼마시고 놀아보자'는 종강파티 알림 문자였다. 시험으로 심신이 지쳐있던 나를 포함한 학생들은 파티 소식에 흥분했다. 그런데 한 가지가 마음에 걸렸다. 단체 문자 뒤에 'BYOB'라고 적혀있었는데 처음 들어보는 단어였다. 언뜻 보니 'BOY'같아 보였다. 남자들만 참가할 수 있다는 건가? 아니면 무조건 '남자 친구'를 동반하라는 뜻인가? ……. 한 참을 고민하다 결국 나중에 구글링을 해보니

BYOB = " Bring Your Own Booze [Bottle][Beer]

그러니까, '네가 마실 술은 네가 챙겨와'였던 것이다. 소주든, 맥주든, 소맥이든 선배가 주는 대로 두 손으로 받아 원샷하는 것이 일반적인 한국과는 다르게 이곳은 각자가 좋아하는 술을 가져와서 스스로 조절해가며(간혹 조절을 못하는 애들도 있지만) 마신다. 파티에 오지 않았다고 찍히는 경우도 없고, 선배의 술잔을 거절했다고 분위기 파악 못하는 애로 낙인찍힐 일도 없다. 술을 못 마시는 사람은 콜라나 주스를 가져와서 마셔도 되고, 아예 아무 것도 가져오지 않아도 상관없다. 참석여부도 완전히 자유다. 원하면 오고 원하지 않으면 오지 않아도 된다. 애인을 데려와도 좋고 동네 친구를 데려와도 좋다. 심지어 누군가 엄마를 데려와서 소개를 한다 해도 쿨하게 악수를 하고 두 팔 벌려 환영하리라 의심치 않는다. 물론

술과 약(?)과 연기가 난무하는 술파티에 엄마를 데려올 사람은 없 겠지만 말이다.

높은 외식 비용, 음주 취향의 다양함, 안주에 대한 개인 취향 존중(채식주의자, 비건 등) 등을 고려하면 BYOB 하우스 파티가 꽤나 합리적으로 느껴진다. 한국에서는 내 공간에 손님을 초대하면 음식과 술을 준비하고 대접하는 것이 기본 중의 기본 예의인데 반해 캐나다는 그런 게 없다. 파티 장소를 제공해준 것만으로도 감지덕지다. 성향에 따라서 누구는 '정이 없다'며 불평할 수도 있을 것이고 또 어떤 이는 '자유롭고 부담 없어 좋다' 할 수도 있겠다.

나는 술이든, 참여여부이든, 강권이 없는 BYOB 하우스 파티 문화가 꽤나 마음에 들었던 것 같다. 어떤 사람은 토할 때까지 마시고 또 어떤 사람은 한 잔도 마시지 못하는데 그 자리에 참석했다는 것만으로 3만원씩 내야 했던 대학 때의 회식방식은 공정하지 않았다는 생각이 들었다. 또 한 자리에서 거의 벗어나지 않는 좌식 술문화보다 각자의 술병을 들고(그렇기에 자연스럽게 '병나발'을 불게 된다.) 이동하면서 친목을 쌓을 수 있는 그들의 방식이 편하고 자유로워 좋았다.

두 나라의 술 문화 모두 겪어본 나는 캐나다 방식이 좀 더 마음에 들긴 하지만 향수병이 짙어진 요즘은 불공평하다며 반감을 가졌던 한국식 술자리 문화가 좀 그립기도 하다. 그 때를 떠올리니 한국식 술자리 특유의 그 찐득하고 걸걸했던 그 날의 취기가 아득하고 아련하게 오르는 것 같다. 1차로 소주, 2차로 맥주, 3차로 막걸리를, 그리고 그 이 후에 살아남은 자들을 위한 24시 뼈해장국에서의 해장술까지……. 싱거웠던 한국 맥주와 진상이었던 그 시절의 술주정들이 오늘따라 '그립게' 느껴지는 건 그래 역시 술기운 때문일까.

알아두면 '은근' 쓸데있는 신박한 팁

알쓸신TIP

#04 파티가 열릴 클럽으로 가기 직전에 알콜 도수가 높은 술(Hard Liquor)을 먼저 마시는 문화가 있다. 클럽 안의 술은 꽤 비싼데다가 세금에 팁까지 챙겨줘야 하니 술이 센 사람들은 자칫 주머니 사정이 난감해질 수 있다. 그래서 저렴하고 독한 술을 미리 마셔 '가성비 취기'를 준비하는 취지다. Pre-drinking, Pre-gaming, Pre-loading 모두 같은 말이다.

'패션테러리스트'와 '패션피플'의 도시

캐나다에 와서 생긴 가장 큰 변화 중 하나는 '옷'이다. 변화라기보다 일상 생활에서 사라진 큰 부분이랄까. 매일 '뭐먹지'처럼 항상 고민했던 '뭐입지'였는데 캐나다에서 와서 특별한 날을 제외하고는 입는 것에 대한 고민이 사라졌다. 복장에 대한 규율이 한국보다 훨씬 자유롭고 캐나다 사람들은 일반적으로 패션에 민감하지 않기 때문이다. 덕분에 아무렇게나 입고 나가도 한국에서처럼 전혀 주눅들 일이 없다. 특별히 개인적으로 사람을 만나는 일이 아니면, 학교를 가든, 회사를 가든, 볼일을 보러 외출을 하든 '고민없이 집 앞 슈퍼에 가는' 패션이다. 최근 이미지 공유 소셜 네트워크 서비스 핀터레스트가 실시한 패션 수준에 대한 조사에서 토론토가 세계에서 4번째로 세련된 도시로 선정되었다는 기사를 본 적있다.

뭐? 캐나다가 전세계 4위라고? 내가 아는 그 토론토가? 조사 결과에 매우 놀랐고 상위 10개 국가 중에서 서울이 없다는 사실에 더더욱 놀랐다. 세련됐기로 치면 서울이 우주 1등이라고 생각해왔다. 안으로 굽은 팔을 어느 정도 감안한다고 해도 내가 이해하고 있는 '세련됨'의 정의와 더 어울리는 도시는 아무래도 토론토보다 서울이라는 생각은 아직도 변함이 없다. 그렇다고 또 캐나다 사람들은 세련되지 못하다며 지적하기에는 찜찜한 구석이 없지 않아 있다. 한 마디로 딱 표현되지 않는 무엇인가가 있다. 다문화로 이루어진 캐나다 특성상 이들의 패션 세계도 참 다양하고 복잡할 수밖에 없다. 따라서 개성 표출의 수단으로서의 계획된 패션인건지 단지 신체를 보호하고 사회적 풍기문란을 피하기 위해 몸을 가린, 기능에만 충실한 옷차림인지 구분하기가 어렵다. 쉽게 말해, 의도된 패션인지, 아무거나 '그냥 막 입은' 것인지 잘 모르겠다는 거다. '모나미룩'(혹은 무신사룩)에 길들여져 온 밀레니얼 세대인 나는 캐나다의 패션을 이해하기엔 내공이 턱없이 부족한 것일까? 피어싱과 쇠사슬을 주렁주렁 달고 있는 펑크족, 애니메이션 게임에서 막 튀어나온 듯, 머리에서 발끝까지 분홍으로 코디한 사람, 자켓부터 손톱까지 호피무늬로 덮은 호피 매니아……. 도저히 사회생활을 할 수 있을 것 같지 않은 비범한 '패션'들을 코스프레 행사장이 아닌 버스나 은행 같은 평범한 장소에서 마주친다.

내가 기억하는 한국은 톡톡 튀는 개성이라기보다는 획일적인 세련됨이었다. 한국 사회에서 살아가야했던 나도 다르지 않았다. 교복을 입었던 중고등학생 시절을 지나 자유복으로 사회생활을 시작하고 나서 매일 밤 잠들기 전에 했던 고민은,

'내일은 또 뭐 입지?'

였다. 한국의 직장인이라면 모두가 공감한다는 그 것. 옷장은 가득한데 도대체 '입을만한 옷'이 없는 것 같고, 큰맘 먹고 새 신발을 사면 맞춰 입을 옷이 없다. 화장실에서 마주친 옆 부서 박 대리님의 신상 백이 오늘 커피 타임의 메인 아젠다가 되고, 워크숍 때 알 수 없는 청청 패션으로 소문이 난 김 과장님은 회식 때마다 두고두고 놀림거리가 되었다.

한국은 나이와 사회적 지위에 맞는 옷차림을 갖추는 게 교양이고, 때와 장소에 적절한 차림새를 매너라고 생각하는 분위기가 있는 반면, 캐나다는 다른 사람의 시선을 거의 신경쓰지 않는 것 같다. 어느 관광지 기념품샵에서 5.99달러에 1+1으로 샀을 것 같은 목이 다 늘어난 프린팅 티셔츠를 입고 강의에 들어오는 교수(심지어 프린팅도 거의 다 떨어져서 무슨 그림인지 알아보기도 힘든), 눈이 펄펄 날리는 한 겨울에 자기는 추위를 안 탄다며 '난닝구바람'으로 강의실에 나타났던 과동기……. '내가 좋고 편하면 그만'이라는 생각을 하고 있는 것이 눈에 보일 지경이다.

이런 곳에 있다보니 내 옷차림이 나태해진 것은 어찌보면 당연

한 일이었다. 한국에서는 이틀 연속 같은 옷을 입고 회사에 가는 것은 생각할 수도 없는 일이었다. 외박에 대한 의심을 사는 것도 환영할 만한 일은 아니지만 그것보다, 깔끔하지 못한 인상과 형편없는 패션센스를 가졌다는 인상을 주는 것을 더 두려워했다. 어제와 똑같은 옷을 입고 나가느니 차라리 다 마르지 않은 축축한 빨래를 꾸역꾸역 입고 나가는 것을 택했던 나는, 이제 아침에 일어나서 눈에 제일 먼저 포착되는 옷에 팔다리를 대충 끼워 넣고 집을 나선다. 교복 같은 나의 'go-to 룩'은 감지 않은 머리를 가리기에도 안성맞춤인 후드 집업에 고무줄 운동복 바지. 거울 앞에서 입었다 벗었다하며 고민하는 시간이 없어지니 아침에 일어나 집을 나서기까지 15분 컷이 가능해졌다. 옷을 이렇게 입는데 화장은 당연히 생략이다. 까먹지 않고 '선스크린'이라도 바르면 다행이다. 혹시나 싶어서 한국에서 챙겨 온 색조 화장품들은 굳어서 모두 폐기처분 했다.

내가 이곳에서 이렇게 편하게 다닐 수 있는 이유는 사람들은 내 옷차림에 크게 관심이 없고, 혹시 있다고 해도 그걸로 손가락질하거나 내 옷차림이 구설수에 오를 일이 없다는 걸 알기 때문이다. 내가 캐나다를 좋아하는 이유 중 하나가 타자의 시선으로부터 자유롭다는 것이다. 꼭 옷차림에 국한되는 것이 아니라 대체로 주변의 시선으로부터, 내가 어떻게 평가당할지 신경을 쓰지 않는 편이고 실제로도 타인에게 그다지 관심이 없어 보인다. 그것은 캐나다 사람들의 본성이 더 착하거나 너그러워서라기 보다 워낙 다인종

다문화가 모여있다 보니 '다름'에 대한 관대함과 무관심이 혼재된 결과가 아닐까 짐작한다. 나와 다른 것 하나하나에 신경쓰고 의견과 판단을 보태기엔 내 일상이 너무 피곤해지는 것이다.

알아두면 '은근' 쓸데있는 신박한 팁
알쓸신TIP

#05　직장 동료나 혹은 학교 동기, 그것도 아니면 가게 직원……. 그 누군가와 조금 친해질 필요가 있는 상황에 처한다면 기억해두자. 만약 그 친해져야 할 그 사람이 심지어 내가 이해하기 힘든 패션 세계를 가지고 있다면, 당황하는 대신 기뻐해도 좋다. 스몰토크를 시작하는 가장 손쉬운 주제는 눈에 띄는 아이템이다. '네 허리춤에 찬 쇠사슬 쿨한데, 어디서 구했니?', '쿠키 캐릭터 배낭 엄청 귀엽다. 혹시 한정판이니?'. 강렬한 패션 때문에 처음에 말을 걸기가 쉽지 않아보이는 타입의 사람들일수록 오히려 천진난만한 아이처럼 좋아했다. 자신의 패션 세계를 알아봐주고 이야기하는 것을 싫어할 사람은 거의 없으니까. 처음에는 진심이 아니란 생각 때문에 마음의 가책을 조금 느꼈지만 연습을 하다 보면 쇠사슬과 쿠키 캐릭터 가방이 아니라 그것들에 대한 그들의 열정과 애정이 진심으로 쿨하고 귀엽게 느껴지는 순간이 오더라.

무작정 퇴사, 그리고 캐나다

I형이 E형이 되는 마법 같은 공간

쇼핑에 미쳐 산 적이 있었다. 평일에도 새벽 3시까지 인터넷 쇼핑몰의 장바구니를 채우고, 주말이면 신사동이나 홍대 거리를 하루 종일 걸어 다니며 옷 구경을 했었다. 끼니도 걸러가며 쇼핑에 빠져있었으니 지금 생각하면 꽤 심각한 중독이었다. 그랬던 내가 캐나다에 와서는 '쇼핑을 끊었다'. 정확히 말하면 백화점이나 쇼핑몰 쇼핑을 끊었다. 온라인 쇼핑도 하지 않게 되었다. 계기는 단순했다. 한국처럼 쇼핑에 최적화되어 있지 않은 환경 때문이다. '한국식 쇼핑'에 길들여진 나에게 이곳의 쇼핑은 너무 불편했다. 일단 내 마음에 드는 것을 찾는 재미가 없다. 웬만해서는 실패가 없는 내가 좋아하는 브랜드가 있지만 내가 주로 즐기는 쇼핑은 '진흙 속에 진주' 발견하기 같은 식이었다. 내가 정말 사랑했던 '메이드 인

코리아 스트릿 보세'. 고속버스터미널 지하상가나, 강남역, 신사동 가로수길의 편집샵들이 내가 주로 타겟하는 쇼핑 구역이었다. 내가 지냈던 토론토나 밴쿠버에서는 아직 그만한 곳을 찾지 못했다. 온라인 쇼핑 상황도 비슷했다. 한국 인터넷 쇼핑몰만큼 상세한 제품 정보가 없어 선뜻 결제 버튼에 손이 가지 않는다. 리뷰를 쓰면 적립금 100원, 포토 리뷰를 쓰면 500원을 주는 등 다양하고 유혹적인 이벤트를 통해 구매자들의 적극적인 활동을 유도하는 한국 쇼핑몰에서는 충분한 후기 속에서 구매자의 신체 사이즈 정보와 함께 리뷰 사진까지 확인할 수 있어 결제버튼를 누르기까지의 장벽이 훨씬 낮았다. 그리고 무엇보다 대부분 무료배송에 주문 후 하루 이틀이면 전국 어디나 배달되는 한국의 배송 시스템은 없던 향수병도 불러왔다. 쇼핑을 끊게 된 또 다른 이유는 저가의 가성비 좋은 제품을 생산하는 의류산업의 노동착취에 대한 다큐멘터리를 보게 된 것이 계기로 작용했다. 창문도 없는 열악한 환경에서 어린 노동자들의 피와 땀, 눈물로 만든 제품들이 쇼핑몰에서 번듯하게 포장되어 있는 걸 보면 예전과는 달리 죄책감이 들기 시작했다. 그 이후로 딱 두 가지만 쇼핑하기로 마음 먹었다. 명품과 빈티지(명품은 10년 정도 후에나 쇼핑 목록에 올릴 수 있을 것 같지만 일단 마음만은 그렇게 먹었다). 그런 저런 이유들로 자연스럽게 쇼핑에 흥미를 잃게 되었고 캐나다에 온 이후로 쇼핑중독은 자연 치유가 되었다.

그런데 최근에 중독 증상이 다시 나타나고 있다. 대안을 찾아버렸기 때문이다. 나는 원래 쇼핑몰이나 백화점보다는 빈티지샵에서 쇼핑하는 것을 좋아했다. 그럼에도 고물가의 캐나다에서는 빈티지 제품도 새 물건 못지 않게 비싸서 쉽게 살 수 없었다. 그런데 기가 막힌 곳을 찾아냈다. 사실 인테리어나 쇼핑 분위기를 즐기려는 것이 아니라 필요한 물건을 살때 빈티지샵은 그리 좋은 쇼핑지가 아니다. 예쁘게 인테리어를 해놓은 빈티지샵들은 인건비나 월세 때문에 비쌀 수 밖에 없다. 그래서 나는 빈티지샵이나 중고품 체인점 대신 가라지 세일(Garage Sale), 동네 교회에서 한 번씩 여는 장터, 지역 커뮤니티에서 비영리로 운영하는 상설 중고품 가게를 이용한다. 밖에서 보면 다 똑같은 가게처럼 보여도 체인점과 비영리 단체는 가격 차이가 많이 난다. 지역 공동체에서 운영하는 곳은 비슷한 물건이라도 절반에서 80%까지 저렴하다. 그런 곳은 대개 동네 어르신분들의 자원봉사로 운영되어 인건비가 물건값에 포함되지 않기 때문이다. 게다가 물건 가격을 책정하는 방식도 훨씬 덜 까다롭다. 브랜드와 사용감에 따라 칼같이 차등된 가격표를 붙이는 체인점에 비해 지역 공동체가 운영하는 곳은 허술하고 너그러운 매력이 있다. 난생 처음보는 브랜드와 나이키 운동화의 가격이 같고 바닥이 다 닳은 샌들과 박스에서 막 꺼낸 것 같은 샌들의 가격이 같다. 물론 하향 평준화되어있다. 자원봉사를 하는 어르신들의 쿨한 가격책정이 그곳에서의 쇼핑을 한층 더 매력적인 보물찾기로 만들어준다. 뿐만 아니라 동네 사람들이 기부한 물건들을 판매한 수익으로 유기된 동물들, 가정폭력 피해자들, 그리고 아픈 아이들을 돕는 데 쓰인다고 하니 충동구매에 대한 죄책감이 거의 없다는 장점도 있다.

언뜻 보면 쓰레기 창고와 다를 바 없었다. 당장 쓰레기 집하장으로 보내도 하나도 이상하지 않을 제품들이 대다수였다. 그렇기에 '발굴'하는 재미가 있었다. 가게에 들어서면 일단 나는 의류 코너로 간다. 손으로 물건을 만지거나 가격표를 확인하기 전에 먼저 눈으로 스캔한다. 눈으로만 훑어도 빳빳한 옷은 구분이 된다. 빳빳하다는 뜻은 '실착'이 거의 없는, 옷장에만 걸려 있다가 오게 된 옷이라는 의미다. 다음으로는 적극적으로 제품상태를 확인하는 단계다. 스타일이나 사이즈가 맞더라도 아직 체크해야할 사항이 남아 있다. 옷 안의 레이블과 목덜미, 소맷단이다. 그 단계에서도 합격 판정이 나면 쇼핑 카트에 담는다.

나도 나름 요령이 생긴 편이지만 가끔 만나는 '이 구역의 진짜 고수'에 비하면 병아리일 뿐이다. 그들의 손은 물건을 집어들어 물건의 스타일, 사이즈, 상태까지 확인한 후 카트로 던져 넣는데 2초가 걸리지 않는다. 그 짧은 찰나의 순간 그들의 눈은 이미 다음 타깃을 향해 빠르게 움직인다. 그들의 쇼핑 카트는 절대 한 곳에 멈추지 않는다. 고수들이 한차례 지나가면 그 구역의 괜찮은 물건들은 대부분 그들의 쇼핑 카트에 담겼다고 봐야한다. 사이즈가 맞지 않아 그들이 다시 내려놓길 기도하며 기다릴 수도 있지만 웬만하면 오늘의 보물찾기를 깔끔하게 포기하는 편이 정신 건강에 좋다.

오늘은 다행히 고수처럼 보이는 사람이 없어 좀 느긋하게 가게를 둘러보고 있는데 한 백인 할아버지가 나를 빤히 바라본다. 큰 사이즈의 남성용 드레스 셔츠를 오버핏 아우터로 입는 것을 좋아하는 나는 오늘도 남성복 코너에서 엑스라지 사이즈 셔츠를 주워 담고 있었다.

"익스큐즈미…?"

금방 지나갈 줄 알았던 할아버지가 한 참을 빤히 바라보기만 하다 결국 말을 걸어온다.

'아, 또 시작이네……'

오늘은 좀 그냥 넘어가나 했는데 오늘도 '역시나'다……. '그건 남자 옷이야'로 시작될 오지랖. 나는 매번 반복되는 레퍼토리 같은 이런 상황에 대한 대답을 준비하고 있었다.

"그거 살건가요? 아니라면 내가 입어봐도 될까요?"

그런데 오늘은 예상이 빗나갔다. 그 할아버지는 나를 보고 있었던 게 아니라 내가 마음을 못 정해서 일단 한쪽으로 밀어둔 남성용 드레스 셔츠를 지켜보고 있었던 것이었다. 좀처럼 내가 마음을 정하지 못하고 갈팡질팡하며 시간을 끌자 그 셔츠가 마음에 드셨던 할아버지는 말을 걸어온 것이었다. 순간 당황스럽기도 하고 오해한 것이 미안하기도 해서 고민 없이 셔츠를 양보했다. 할아버지는 환하게 미소를 지으며 셔츠를 받아 걸쳐본다. 그리고 이내 고개를 흔들며 다시 벗어 나에게 돌려주며 아쉬운 표정으로 말한다.

"나한테 사이즈가 너무 크네요"

옆에서 지켜보던 나는 적당히 잘 맞는 것 같다며 쌍엄지까지 들어 보였지만 그는 몸매를 드러내주는 슬림핏이 아니라 싫다고 했다. 피식 웃음이 났다. 165cm인 나는 사이즈가 좀 더 컸으면 더 마음에 들었을 거라 생각했는데 180cm는 훌쩍 넘어 보이는 켄터키 프라이드치킨 할아버지 체형과 비슷한 거구의 할아버지는 사이즈가 너무 크다고 아쉬워하는 이 상황이. '제가 보기엔 딱 좋은데요', '별로에요, 나는 딱 붙는 스타일이 어울리거든요', '이런 소재는 너무 붙으면 불편할 것 같은걸요?', '그래도 나는 허리선이 들어간 슬림핏을 찾고 있어요'. 내 쇼핑은 뒷전으로 제쳐두고 할아버지와 옥신각신 3차전까지 하다 결국 나는 '오케이'를 외치며 꼬리를 내렸다.

"근데…… 그 많은 XL(엑스라지 사이즈의 옷)들은 누가 입을 건가요? 당신의 허즈밴드? 설마 당신이 입을 건 아니겠죠?"

소기의 목적(?)을 달성하고 나니 그제야 뭔가 이상하다는 생각이 들었는지 나에게 물어온다.

"제가 입을 것들 맞아요. 허즈밴드가 아니고! 이거 남자 옷인 거 알아요. 근데 저는 오버핏을 좋아하거든요. '남성용' 혹은 '여성용'이란 건 그냥 태그일 뿐이잖아요."

나의 당돌한 대답에 살짝 놀란 표정이었지만 이내 검지와 엄지로 동그라미를 만들며 '오케이'라며 고개를 끄덕이시며 수긍하신다. 어르신께 이런 표현은 좀 그렇지만…… 이곳에서 만난 어르신들은 참 귀여운 구석이 있다. 내가 로컬 커뮤니티 가게에 오는 걸 좋아하는 또 하나의 이유다. 봉사자들도 어르신이지만 손님들도 대부분이 은퇴를 하고 동네 마실을 하듯 구경 오는 할머니 할아버지들이다. 나이 불문 '멋'을 알고 나름의 패션 철학이 뚜렷하신 분들이 많다. 슈퍼 I형(내향)인 내가 이곳만 오면 그런 어르신들 덕분에 푼수 오지라퍼가 된다. 혼자 오신 분들이 거울 앞에서 고개를 갸우뚱하며 마음을 못 정하시는 모습을 보면 이상하게도 그냥 지나칠 수가 없다. 어느샌가 거울 옆으로 가서 함께 고민하고 있다. '그 칼라(Colour) 너무 잘 받는다', '그 재킷 퀄리티(Quality)가 정말 좋아 보인다'와 같은 긍정적인 피드백뿐 아니라 '뒤 쪽에 변색이 있다' 나 '두 번째 단추가 떨어진 것 같은데?' 같은 매의 눈이 되어주기도 한다. 그 누구도 요청하지 않은 오지랖이지만 이곳에서만큼은 '노땡큐'를 두려워하지 않아도 된다. 한 번은 연두색 봄 재킷을 입어보고 있는 할머니에게 엉덩이 부분에 변색이 있다고 알려줬더니 너무 고마워하면서 좋아하셨다. 그리고 내 쇼핑 카트는 내팽개치고 할머니의 봄 재킷을 함께 찾았다. 그런 경험들을 떠올리면 아직도 웃음이 난다. 숨은 보석을 10~20개 찾아내는 것보다 더 귀한 기억들이다.

마지막으로 한 쇼핑이 언제인지 기억도 나지 않는다는 이유를 핑계 삼아 오늘은 충동구매를 많이 했다. 원래 일 할 때 편하게 입을 어두운색의 슬랙스 하나만 사려고 했는데 이것저것 정신없이 주워 담다 보니 결국 가지고 있던 배낭도 모자라 가게에서 커다란 빈 박스를 빌려야 했다. 무거운 박스를 들고 걸어가다 보니 갑자기 정신이 든다.

'바지 하나 사러가 놓고 몇 개를 더 산거야, 도대체? 하나, 둘, 셋 … 넷… 헐…… 일곱, 여덟……! 나 미쳤냐?!'

아무리 생각해도 오늘은 충동구매가 너무 심했다. 판매수익으로 불우이웃을 돕는다는데 환불하기도 미안하고, 무엇보다 진흙 속에서 진주를 발견한 것 마냥 기뻐하며 찾아낸 것들인데…… '괜찮아, 백화점에서 하나 사는 것보다 덜 썼는데 뭘.'

애써 자기합리화를 하며 집에 도착했다. 오랜만에 우편물이 도착했나 보다. 올 게 없는데 뭐지? 궁금해서 그 자리에서 뜯었다.

세금 고지서다. 2년 전 낸 세금 계산이 잘못되었다며 다시 추가 징수를 하겠다는, 전혀 예상치 못한 2천불짜리 세금 폭탄 고지서. 그러니까 분명 신은 있다. 부처님, 예수님, 하느님, 성모님, 알라신, 인간이 말하는 신일지, 인간도 모르는 신일지 모르겠지만 분명 절대자가 어디엔가 있고 우리 인간은 그들의 장난감이 분명하다. 충동구매를 하고서 애써 자기합리화를 하고 있는 인간에게 세금폭탄 고지서를 보내놓고 어디선가 낄낄대고 있을 모습이 상상돼 괜히 억울하고 분했다.

그래, 당장 내야 하는 세금은 아니니까 일단 눈에 안 보이는 곳에 고지서를 던져 둔다. 일단 잊자. 그리고 기분 좋은 세뇌를 하기로 마음먹는다.

'난 오늘 지역 사회에 기부를 한 거야…. 유기된 동물들에게…. 아픈 아이들에게….'

충동구매와 과소비에 대한 죄책감을 간단히 합리화할 수 있는 쇼핑이라니, 코로나가 아니었다면 가산을 탕진했을지도 모르겠다.

알아두면 '은근' 쓸데있는 신박한 팁
알쓸신TIP

#06 6개월 이상 오랜 기간 캐나다를 방문할 예정이라면 속옷과 양말은 한국에서 조금 과하다 싶을 만큼 준비해 오자. 나한테 맞는 사이즈와 좋은 품질의 옷을 찾기가 한국보다 매우 힘들기도 하지만 다른 옷은 몰라도 속옷과 양말 같은 필수템은 한국 제품만한 가성비가 없다. 만약 빈티지를 좋아한다면 출국 전 동묘 쇼핑을 적극적으로 하고 오길 바란다. 글로벌 시대에 웬만한 브랜드는 캐나다에도 있지 않냐고? 동묘의 옷들도 99퍼센트가 해외에서 오는 것 아니냐고? 다 맞는 말이다. 하지만 이상하게 한국 패션 시장을 거쳐온 옷들이 더 세련되어 보인다. 내가 칭찬받았던 옷들은, 30퍼센트의 메이드인 코리아를 제외하면 메이드 인 베트남, 메이드 인 차이나, 메이드 인 유에스였지만 전부 한국에서 가져왔다는 공통점이 있었다. 궤변같지만 속는 셈치고 한 번 믿어보셔라.

다정한 약쟁이 친절한 노숙자

버스 맨 뒷 좌석에 앉아 피곤하고 무거운 머리를 창가에 기댄 채 배가 고프다는 생각을 한다. 뭘 해 먹지? 냉장고에 뭐가 있더라? '다이어트!'라는 글자와 함께 냉장고 문에 365일 붙어있는 포스트 잇에는 '건강한 식단'이라고 적혀있지만 하루 종일 몸쓰는 일을 하고 퇴근을 하면 건강이고 뭐고 그저 허기를 채워줄 무언가를 집어넣기 바쁘다보니 냉장고 문을 열 때마다 내가 써붙여 놓은 그것들을 애써 외면한다. 이럴거면 차라리 떼어버릴까 싶다가도 자주 죄책감이 들면 한번이라도 인스턴트를 줄일 수 있지 않을까하는 희망에 여전히 붙여놓았다. 몸과 마음은 이미 지친 상태, 애써 떠올린 냉장고 속 사정도 부실하다는 것을 깨달으며 오늘도 인스턴트로 끼니를 때워야 하나 생각하는데 갑자기 버스 안이 소란스러워

무작정 퇴사, 그리고 캐나다

졌다. 소리가 나는 방향으로 고개를 돌려보니 내가 앉은 좌석의 45도 각도, 1시 반 방향에 한 남자가 양손에 짐을 한가득 든 채 혼잣말을 하고 있다. 대화 상대는 없으니 분명 혼잣말인데 버스 안의 모든 사람들이 들을 수 있을 만큼 목소리가 크다. 혀가 꼬여서 알아들을 수 없었지만 뭔가 불평을 하는 것 같았다. 술냄새가 나지 않는 걸 보니 이건 분명 '약'이다. 대마초인지 더 강한 것인지까지는 알 수 없지만 분명 하이(high) 상태라는 것은 확실하다. 캐나다 대도시 중에서도 밴쿠버는 마약 중독자와 노숙자 문제가 심각한 수준이다. 대마초가 합법화되기 이전부터 마약 문화가 충분히 발달(?)했었지만 몇 해 전 마리화나가 전면적으로 합법화되고 나서 이런 상황에 더 자주 마주치게 된다.

마약중독으로 인해 파산한 탓에 이곳의 비싼 물가를 감당하지 못하고 길거리로 나앉게 된 사람들(이하 '홈리스')이 많다. 사실 좀 눈살이 찌푸려질 정도로 많다. 밴쿠버 시내의 한 거리(East Hastings Street)는 마약중독자 노숙자들의 거리로 아주 유명하다. 다른 유명한 관광지들과 함께 회자될 정도이니 그 유명세는 파리의 몽마르뜨 언덕과 비견해도 뒤지지 않을 것이다. 그 길에서 창문을 열어놓은 채 차를 잠시 주차하고 있었는데 차창에 걸치고 있던 팔에 누군가 주사기를 냅다 꽂았다는 이야기는 밴쿠버에 사는 사람이라면 한 번은 꼭 들어보았을 전설이다. 힘든 주머니 사정으로 어렵게 구했을 약(?)을 노숙자 본인에게 쓰지 않고 지나가는 낯선 이에게 베풀었을까(?) 싶어 그 전설의 진실 여부에 대해서는 회의적인 입장이지만 어쨌든 그 길의 분위기가 심상치 않았던 것만은 확실하다. 사전 정보없이 차를 타고 가다가 우연히 그 길을 보게 되었는데 옆에 앉은 사람에게 '저기 영화 찍나 봐요'라고 했다가 의도치 않게 재미없는 농담을 하는 사람이 되고 말았다. 새끼 손톱만큼의 과장도 없이, 범죄 영화에 나올 법한 광경이었다. 마약 중독자들이 1킬로미터가 넘는 거리를 가득 채우고 있었고 곳곳의 세워진 경찰차들이 경광등을 번뜩이고 있었다. 지금껏 본 그 어떤 범죄 영화보다 영화같은 장면이었다.

시내를 돌아다니다 보면 목 좋은 곳에는 항상 그들이 있었다. 따뜻한 바람이 나오는 곳에 누워있거나 술을 파는 가게 앞 쓰레기통을 뒤지거나 유동 인구가 많은 시내 한복판에서 동전을 구걸한다. 처음엔 무서웠다. 심상치 않은 행색에 해코지를 할까 겁을 먹고 일부러 둘러 돌아가기도 했다. 그러다 보니 대낮에도 다운타운을 걸어 다니는 것이 꺼려졌다. 길거리 뿐 아니라 버스나 지하철 등 대중교통 안에서도 자주 마주친다. 요금을 착실하게 내는 지하철의 '잡상인'도 철저하게 단속하는 한국과는 달리 이 곳에서는 홈리스들의 무임승차에 매우 관대하다. 하루에도 수 십번 씩 마주치는 그들을 일일이 상대하기가 귀찮아서인지 아니면 사회적 약자를 배척하지 않는다는 사회적 합의에 의한 배려때문인지 그 어느 쪽에 가까운지는 모르겠지만 여하튼 캐나다에서는 홈리스들의 대중교통

무임승차를 문제 삼는 경우를 단 한 번도 보지 못했다. 자신들을 타지못하도록 내치지 못할 것을 아는 그들은 당당했다. 누가봐도 '나 홈리스요'라고 하는 듯한 행색이 마치 놀이동산 자유 이용권 패스라도 된다는 듯이 당당하게 버스에 올라탄다. 그리고는 기사에게 '나 동전이 없으니 그냥 좀 탑시다'하면 기사들은 손짓이나 고개짓으로 얼른 타라는 의사표시를 한다. 기꺼이 반기진 않지만 딱히 문제삼지도 않겠다는 듯한 표정으로.

그런 모습을 지켜보며 꼬박꼬박 돈을 내고 타는 사람들만 바보가 아닌가 싶어 억울한 마음이 들었다. 하지만 주위를 둘러보면 아무도 개의치 않았다.

45도 방향에서 여전히 소란을 일으키고 있는 홈리스 아저씨는 끊임없이 혼잣말을 해댔고 극심한 감정기복을 보였다. 그 때 버스가 살짝 급정거를 했다. 한 여름 날 아이스크림처럼 당장 녹아내릴 것 같던 몸을 겨우 가누고 있던 그는 갑자기 중심을 잃고 옆 좌석에 앉아있던 병아리 커플에게 폭삭 안기는 꼴이 되고 말았다. 사실 나는 그 때 소란을 만들고 있던 홈리스 아저씨보다 그 병아리 커플에게 집중하고 있었다. 다소곳하게 손을 잡고 있던 그들은 나란히 앉은 채 어색하면서도 서로에 대한 설레임을 감추지 못했다. 조금 긴장한 듯한 남자는 주위를 둘러보더니 결의에 찬 표정으로 가방에서 무언가를 꺼내 황급히 여자의 가방으로 밀어 넣었다. 남자의 행동은 재빨랐다. 그것은 한 쪽 귀퉁이를 빨간 리본으로 장식한 초

콜릿 과자 상자였다. 아, 벌써 2월(발렌타인데이)이구나.

90년대 감성 멜로 영화를 보는 마음으로 병아리 커플을 지켜보고 있었는데 혼잣말 아저씨의 등장으로 갑자기 장르가 시트콤으로 바뀌었다. 버스의 크게 흔들리는 바람에 여자아이의 무릎 위에 앉아버린 아저씨는 남들보다 2.5배 정도 느린 세상을 살고 있는 듯했다. 나였다면 쪽팔려서 빛의 속도로 일어나 후다닥 사과하고 사라졌을 텐데 그는 한 참 동안을 중심을 잡느라 휘청였다. 그러다 마침내 상황파악을 하고 내뱉은 말은 '홀리 뼈억'이었다(말도 보통 사람의 속도에 비해 2.5배 정도 느렸다). 병아리 커플은 아무 말도 못한 채 얼쩔 줄 몰라했고 아저씨는 느린 몸짓으로 겨우 일어나며 그제서야 미안하다고 사과했다. 하나도 괜찮지 않은 얼굴로 괜찮다고 대꾸한 커플은 결국 다른 자리가 나자 바람같이 자리를 옮겼다.

발렌타인데이를 맞이 한 병아리 커플이 떠나고도 홈리스 아저씨는 계속 소란을 일으켰다. 심지어 가방에서 온갖 잡동사니들을 꺼내더니 버스 바닥에 진열하기 시작했다. 그리곤 양 옆, 앞에 앉은 사람들에게 그 물건들을 하나하나 소개하며 그것들과 현금을 교환하는 게 어떻겠냐며 급기야 영업활동을 시작하기에 이르렀다. 그런데 문제는 몸을 제대로 가누지 못해 버스가 움직일 때마다 너무 쉽게 중심을 잃는다는 것이었다. 버스가 출발하고 정차할 때마다 가을바람에 구르는 늦가을의 낙엽처럼 이리로 굴러갔다 저리로 굴러갔다했다 하는 바람에 정상적인 영업활동을 펼치는 데 무리가 있어보였다. 굴러갈 때마다 매번 '홀리몰리 뻐억'을 외치며 중심을 잃지 않으려 애쓰는 모습을 보면서 그러면 안되는 줄 알면서도 자꾸만 터져나오는 웃음을 참느라 이를 악 물어야 했다.

돈을 구걸하며 무례하게 다가오는 사람들도 많지만 대개의 경우 홀로몰리뻐억 홈리스 아저씨처럼 딱히 불쾌감을 주진 않는다. 다만 조금 소란스럽고 썩 유쾌하지 않은 향(?)이 날 뿐이다. 처음에는 반경 10미터내에 접근하는 것도 무서워 길을 돌아가곤 했는데 일상적으로 이런 일들을 겪다 보니 이제는 크게 무섭다거나 신경이 날카로워지는 단계는 벗어났다. 그들도 '거처할 곳 없이 사람들에게 동전을 구걸하며 길바닥에서 살기'가 인생의 목표나 장래희망은 아니었을 것이다. 어떤 이유에서건 그들 각각의 변명과 스토리가 있을 것이라는 데까지 생각이 미치자 저 사람은 어떤 사연으로 자기 물건들을 팔고 있을까 궁금해졌다. 목적지가 있어 버스를 탄 것인지 그저 밖이 추우니 무작정 버스에 올라탄 것인지 알 수 없지만 그의 불행에 상대적 안도감을 느끼는 스스로에게 약간의 죄책감을 느끼며 버스에서 내렸다. 하긴, 그들의 의견을 물어본 적도 생각을 들은 적도 없으면서 내 마음대로 저들은 '불행할 것'이라 단정짓는 것도 나의 오만한 편견일 수 있겠다는 생각이 든다. 큰 목소리로 혼잣말을 하며 감정을 드러내는데 거침이 없었던 모습과 진심으로 병아리 커플에게 사과하는 모습, 자신이 가진 가방

속의 물건들에 대해 높은 자부심을 가지고 있던 모습까지……. 혼잣말 아저씨는 어쩌면 가진 것이 훨씬 더 많은 어떤 이들보다 훨씬 덜 불행할 수도 있지 않을까? 아니, 더 행복할 수도 있지.

버스에서 내리자 멜로 영화와 시트콤에 빠져 잊고 있었던 허기가 밀려왔다. 배는 고팠지만 퇴근하고 돌아갈 곳이 있다는 사실에 새삼 다행스럽고 심지어 약간 감격스러운 기분까지 들었다.

'나 좀 속물인가?'

먹다 남은 냉동피자 두 어 조각과 곰팡이가 새하얗게 폈을 방울토마토 2알이 머릿속에 떠올랐다. 뭐가 됐든 오늘 저녁은 조금 더 감사한 마음으로 먹어야지 하며 퇴근길을 걸었다.

알아두면 '은근' 쓸데있는 신박한 팁
알쓸신TIP

#07 길을 걷다보면 정말 멀쩡해 보이는(때론 나보다 훨씬) 사람이 배가 고프다며 돈을 구걸해 오기도 한다. 그러니 노숙자로 짐작되는 사람이 '동전을 기부'해달라며 당신에게 다가간다면 눈살을 찌푸리며 피하기 전에 일단 상대방을 빠르게 스캔해보자. 모르는 일이다. 그가 한정판 나이키 에어조던 1 시카고를 신고 있을지. 그럴 땐 동전이 아니라 맥도날드 더블 빅맥 세트를 사줄테니 신발을 바꿔신자고 제안해볼 수도 있다. 불우한 이웃도 돕고, 한정판 농구화도 득템하는 1석 2조의, 절호의 기회가 아닐 수 없다. 그가 정말 배가 고픈데 돈이 없는 것이라면 당신의 제안을 감사히 받아들일 것이고 만일 자신의 소중한 신발에 대한 모욕이라며 화를 낸다면 당장 굶어죽진 않는다는 뜻일테니 죄책감 없이 가던 길을 가면 된다(값비싼 농구화를 신고서 누추한 작업화를 신고 있던 나에게 돈을 달라고 한 홀리스는 실제로 있었다).

무작정 퇴사, 그리고 캐나다

그남자 그여자 그리고 우리들의 '사정'

사무실에서 컴퓨터 모니터에 둘러싸여 키보드를 타닥대던 시절에는 알지 못했으나 몸을 쓰는 현장 일을 하다 보니 쉬는 시간의 소중함을 절실히 느낀다. 그날은 특히 날씨가 무더웠고 무단 결근을 한 프리랜서의 부재로 화장실 가기도 눈치가 보일만큼 바빴다. 새벽부터 시작된 중노동으로 팔이 다리인지 다리가 팔인지 구분이 가지 않아 두 발이 아닌 두 팔로 걸어가고 있다는 느낌이 들 무렵, 드디어 수퍼바이저의 입에서 '커피 브레이크'라는 말이 떨어졌다. 사실 15분 정도의 짧은 휴식을 '커피 브레이크'라고 할 뿐 커피와는 아무 상관이 없다. 일을 시작하고 얼마 되지 않았을 때는 정말 커피를 준다는 말인 줄 알고 15분 내내 커피를 찾아다니기도 했다. '혹시 커피 어디있는 줄 아니?'라고 묻는 내 질문에 '무슨 뚱딴지 같은 소리냐'는 동료들의 뜨악한 표정을 3번 쯤 마주하고 나서야 붕어빵에 붕어가 없듯 커피브레이크에 커피는 제공되지 않는다는 사실을 민망하고 씁쓸하게 깨우쳤다. 딱 한잔의 커피를 마시며 휴식할 수 있는 시간, 약 10분에서 15분 정도의 짧은 휴식을 가지라는 의미로 쓰이는 말이었다.

나는 '커피브레이크'임에도 카페인이 절실한 순간이 아니라면 쉬는 시간에 커피를 찾아 현장을 떠나지 않는다. 스마트폰으로 커피 파는 곳을 찾고, 카페에 가서 줄을 서고, 커피값을 치르고, 다시 일터로 돌아오는 그 일련의 과정에 드는 에너지를 생각하면 쉬는 시간이 아니라 추가 업무로 느껴지는 저질 체력의 소유자는, 그런 추가 작업으로 몸을 더 혹사시키는 대신 일터 안에서 최대한 가까운 구석을 찾아 엉덩이를 뭉그러뜨리는 쪽을 택한다.

하지만 쉬는 시간에 현장에 머무르다 보면 귀한 그 휴식 시간을 억울하게 반납하는 일이 종종 벌어진다. 수퍼바이저의 눈에 띄어 'Can you please'로 시작하는 미처 못다한 일에 대한 부탁을 받으면 거절을 쉽게 못하는 소심한 나는 사회적 가면을 쓴 채 'Sure'를 외치며 하나도 Sure하지 않은 마음으로 동료들이 사 들고 온 아이스커피가 점점 줄어드는 것을 모래시계를 바라보는 심정으로 억울하게 지켜보아야 하는 것이다. 그러다 보면 어느새 동료들의 커피는 바닥을 보이고 나는 숨 한 번 제대로 고르지 못한 채 다시 '공식적인' 일을 시작해야했다. 그날은 그런 위험을 감수할 수 없을 정도로 몸이 힘들었다. 평소라면 소셜 네트워크나 커피 따위 다 제쳐두고 현장 구석에 앉아 혼자 조용히 쉬었을 '수퍼 내향인'은 같이 일하던 동료K를 따라 진짜 커피브레이크를 보내기 위해 현장을 벗어났다.

근처의 가까운 팀홀튼(캐나다의 국민 카페 프랜차이즈)을 찾아 사람들 무리 뒤에 줄을 섰다. 드디어 지옥의 현장에서 잠시나마 벗어났다는 안도감으로 고개를 들었고 주문을 위해 메뉴판을 훑어보며 나는 바로 후회를 했다. '일 좀 더 하더라도 그냥 혼자 쉴 걸'. 커피를 사 들고 나와서 다시 현장으로 돌아가기까지 남는 시간 10여 분, 600초. 그 시간을 이제 겨우 2번째 보는 어색한 사이인 동료와 함께 보내야한다는 생각때문에 메뉴판이 하나도 읽히지 않았고 어느새 내 차례가 다가와 당황한 나는 캐네디언들이 사랑하는, 그러나 내 취향과는 거리가 먼 '더블더블'(블랙커피에 크림 둘 설탕 둘)를 시킬 수 밖에 없었다. 쉬는 시간마저 일을 할 수 없다는 강한 의지로 따라 나서긴 했으나 사교성 혹은 사회성에 젬병인 나는 오늘따라 부지런한 스스로를 책망하며 우리에게 주어진 600초을 무슨 대화로 채워야할지에 대해 고민했다. 그 때 바로 뒤에 있던 K도 '더블더블'을 주문했고 나는 순간, 번개같은 기지를 발휘해 '내가 살게'를 외치며 계산대에 내 카드를 내밀었다. 같이 일을 하는 동안 덩치가 내 두 배 정도 되는 남자인 그가 자처해서 더 무거운 물건을 들어준 것에 대한 소소한 보답이라고 핑계를 댔으나 사실은 커피를 받아든 후 화장실을 핑계로 '먼저 들어가볼게, 넌 천천히 쉬다 와'를 시전할 생각이었다. 그를 혼자 두고 떠나는(?) 약간의 미안함? 무례함?에 대한 일종의 계산된 '계산'이랄까. 나의 돌발 행동에 살짝 놀란 듯한 K의 동공이 미묘하게 커졌고 나를 바라 보는 그의 얼굴에 1.5초 가량, '니가 왜?'의 뜨악함이 떠올랐으며 2.5초 간의 어색한 정적이 흘렀다. '메이비, 넥스트 타임'이라며 정중한 손짓으로 내 손을 지나쳐 자신의 신용 카드를 계산원에게 건넸다.

'캐나다였지, 참.'

이제 겨우 2번 같이 일한 게 전부인 서먹서먹한 동료 사이에 마땅한 이유도 없이 누군가가 다른 사람의 음료 값을 대신 치루는 것은 상상이 되지 않는 부자연스러운 일이었고 '니가 왜'의 반응은 당연한 일이었다. 사교활동을 피해 현장으로 도망갈 생각에 급급하던 나는 '캐나다 패치'를 장착할 겨를조차 없었다.

소중한 쉬는 시간을 기다림으로 소모하더라도 차라리 커피가 늦게 나왔으면 좋겠다고 생각했으나 커다란 통에 이미 한 가득 내려놓은 프랜차이즈 식 브루 커피에 설탕 2 크림 2을 추가하는 것이 레시피의 전부인 더블더블은 야속할만큼 신속하게 제공되었고 나는 하릴없이 한 손에 커피를 든 채 K가 가리키는 야외 테이블 의자에 어색하게 웃으며 엉덩이를 내려놓았다. 키가 크고 마른 체형의 그는 항상 자신보다 물리적으로 낮은(?) 사람들을 상대해야 하는 습관 생활방식 때문인지 자세가 조금 구부정했고 그만큼 다정한 면이 느껴지는 사람이었다. 처음 같이 일할 때 통성명을 하고 몇 마디 말을 나누긴 했었다. 처음 보는 앤데 어디서 왔냐, 나는 사실 토론토 지사에 있다가 벤쿠버 지사로 옮겨왔다. 원래는 어디 출신이냐. 코리안이다. 오, 나 손흥민 선수('형뮌썬'이 도대체 누구란 말인가. 축구에 큰 관심이 없는 나는 4번 정도 되묻고 나서야 손흥민 선수임을 알게 되었다.) 광팬인데 반갑다 식의 짧은 대화가 끝나고 일에 관한 이야기만 몇 번 왔다갔다 한 것이 다였다. 그런데 도대체 무슨 이야기를 해야 하나. 나는 한국에서도 낯선 사람과 '스몰토크'를 잘 하지 못했다. 친한 사람에게는 그만 좀 질문하라는 말을 들을 정도로 말이 많은 반면 그렇지 않은 사람과는 꿀이 아니라 5초 만에 붙어버린다는 초강력접착제 '오초본드'를 먹은 것처럼 도무지 입이 떨어지지 않는다.

자리를 잡고도 어색함을 모면하기 위해 아직 뜨거워 마실 수준이 아닌 커피를 마시는 시늉만 내고 있는데 K가 먼저 입을 뗐다.
"So, what is your story?"
처음에 이런 류의 아득한 질문을 받을 때는 말하기도 민망한 오해를 했었다. 내 이야기가 무엇이냐고? 내 인생 스토리가 궁금하다는 건가? 왜 그런 심오하고 거추장스러운 질문을 하는 거지? 설마 날 좋아하나……? 까지 생각이 미쳤을 때조차 내가 오버하고 있다는 생각을 못했었다. 그러나 그런 질문들을 여기저기서 공통적으로 받게 되자 그것은 특정한 의도나 관심이 단 1그램도 포함되어있지 않은 일반적인 질문 문화라는 것을 알게 되었다. What is your story? 혹은 What brought you here? 같은 질문은 잘 모르는 관계에서 대화를 시작할 때 예의를 차리고 선을 넘지 않은 아주 적절한, 열린 질문이라는 것을 깨닫게 되기까지 오래 걸리지 않았다. 내가 '열린' 질문이라고 하는 이유는 대답해야 하는 범위나 주제가 정해져 있지 않기 때문이고, '예의를 차린'이라고 한 이유는 질문을 받은 사람에게 대답의 범위나 주제를 선택할 결정권을 넘기는 배려가 담겨있기 때문이다. 그러니까 상대방에게 나를 소개하는 데 있어 원하는 만큼 내 선에서 수위조절과 수심조절을 하면 된다. '한국이 아닌 다른 세계의 경험도 하고 싶어서 캐나다에 왔어'로 짧고 굵게 대답을 할 수도 있고 '아버지를 일찍이 여의고 가부장적인 한국 사회의 뻔뻔한 폭력들에 부적응했던 불운한 어린 시절'로 시작되는 나의 장황한 인생의 우여곡절들을 시시콜콜 쏟아낼 수도 있는 것이다. 물론 필요이상으로 장황하고 지리멸렬한 한 사람의 인생 스토리를 예의상 질문을 던진 상대방이 끝까지 듣고 싶어할 지는 그 누구도 보장할 수 없지만.

캐나다 문화에 익숙한 사람들은 낯설거나 아직 친하지 않은 사이에서는 어떤 종류가 됐든 구체적인 질문을 피한다. 가령 교육 배경에 대해서 물을 때도 'Where did you go to school?'이라고 묻는다. 직역하면 너 학교 어디서 다녔니?인데 한국에서 수도 없이 받앉던 '무슨 대학 나오셨어요?' 같은 핀으로 콕 찌르는 것 같은 질문에 비하면 얼마나 배려있는 질문인가 말이다. 대학교를 다니지 않았을 수도 있고, 다녔다해도 굳이 내가 다닌 학교의 이름을 언급하고 싶지 않을 수도 있지 않나. '캐나다 온타리오 주 토론토 대학교에서 영미문학을 전공하고 영국으로 넘어가 옥스퍼드 대학교에서 응용 언어학 석박사 과정을 마치고 작년에 귀국했다'는 대답을 할 수도 있지만 '강원도 원주에서 때묻지 않은 순수하고 즐거운 학창 시절을 보냈다'고 대답해도 무방한 것이다.

나는 한국에서 직장 생활을 하다 캐나다에 대한 환상이 생겨 어느날 갑자기 사표를 내고 무모하게 비행기를 탔으며 캐나다의 컬리지에서 오랫동안 공부해보고 싶었던 프로그램을 수료하며 나름 즐겁게 학교를 다녔고, 졸업 이후 먹고 사는 생존의 문제를 해결하기 위해 이상과는 많이 다르지만 어찌됐건 입에 풀칠은 하게 해주는 지금의 일자리를 갖게 되었다고 K에게 대답했다. 어색한 분위기가 조금 풀어지자 나도 어렵지 않게 이런 저런 이야기들을 할 수 있게 되었다. 내 이야기를 듣는 동안 K는 'That's amazing', 이나 'Oh, great'과 같은 적당한 추임새를 다양하게 넣어 주며 부담스럽지 않게 장단을 맞춰 주었다. 내 소개는 이 정도면 됐다 싶은 마음에 나도 그에게 질문했다.

"So, what brought you to this industry?"
그는 일종의 만족과 체념 그 어느 사이 즈음 있을 법한 미소섞인 한숨을 내 쉬고는 자신의 이야기를 시작했다. 고등학교를 다니다 어느 순간 '내가 왜 내 인생에 크게 도움도 안 될 것 같은 지식들을 머릿 속에 억지로 집어넣으며 내 인생을 허비하고 있는 거지?'라는 생각이 들어 자퇴를 감행했고, 그 길로 집을 나와 락밴드를 결성했다. 19살 때 시작한 밴드 생활은 몇 번이나 사람들이 바뀌었지만 10년이 넘는 지금까지도 꾸준히 해오고 있고 지금 같이 사는 애인도 밴드에서 만났다. 하지만 파트타임으로 최저시급을 받으며 생활하는 것이 힘들어졌고 돈 때문에 남자친구와 싸우는 일이 잦아져 안정적인 일을 찾아…….

'응……?!'

어느 정도 식은 커피를 홀짝이며 경청하던 나는 순간 커피를 뿜을 뻔 했다. 남자친구……. 순간 너무 자연스럽고 시시콜콜한 방식이어서 자칫 알아차릴 수 없었을지도 모를 커밍아웃과 맞딱뜨린 것이다. 맥락 상 분명 애인을 말하는 건데 남자친구라고 했으니 그러니까 이 친구는…… 그랬던 것이다. 남자친구와 경제적인 문제로 갈등 겪게 되자 밴드활동에만 집중할 수 없었던 K는 반타의적 반자의적으로 지금의 일자리를 갖게 되었으며 다행이 예전보다는 수입이 고정적으로 들어와 비교적 안정적인 생활을 할 수 있음에 감사한다며 자기 소개를 일단락했다. 그의 이야기가 끝나고 나서 한 2초 동안의 찰나지만 나에겐 영겁처럼 느껴지는 어색한 정적이 흘렀고 무슨 말이라도 해야겠다 싶은 강박으로 마침내 내가 내

뱉은 추임새는…… 'Wow'였다. 와우라니 진짜 와우한 반응이 아닐 수 없었다. 무엇이 놀랍다는 것인가. 그 친구가 게이라는 것이? 아니면 친하지도 않은 나한테 커밍아웃을 너무 쉽게 했다는 사실이……? 365일 하늘에는 6색 무지개 깃발이 나부끼고 땅에는 흰색 대신 알록달록한 색깔의 페인트로 그려진 횡단보도를 심심찮게 만나는 이 곳 캐나다에서? 사실 지금 생각해보면 '소개'의 일부일 뿐인데 거기다 특별히 '커밍아웃'이라며 거창하게 이름까지 붙여가며 놀랐던 나는 제대로 구시대적이었다. 사실 내가 진짜 놀란 부분은 K의 애인의 성별이 아니라 친하지 않은 사람에게는 전혀 하지 않을 것 같은 이야기를 술술 잘도 하는 그의 모습이었다.

나는 캐나다에 와서 직접 경험하기 전까지 서구의 개인주의를 잘 몰랐다. 아니, 오해를 했다. 개인적인 이야기를 전혀 하지 않거나 혹은 개인적인 이야기를 하는 것을 꺼리는 것이 그들의 개인주의라고 생각했다. 일부 맞는 말이긴 하다. 다만, 개인적인 이야기를 하지 않는 것이 아니라 '먼저 질문하지 않는다'가 더 맞는 표현일 것 같다. '당신은 어떤 존재입니까?'라든지 '당신의 꿈은 무엇인가요?' 같은 질문처럼 들었을 때, 저 먼 우주의 이름 모를 행성이 머릿 속을 스치는 아-득한 기분이 드는 이런 형태의 열린 질문들은 상대에게 답변에 대한 취사선택의 권리를 제공한다. 질문이라기보다 '네가 알아서 뭐든지 말해봐'하며 무대를 제공하는 느낌이다. 그런데 막상 그런 막연한 질문에 비해 돌아오는 대답들은 꽤나 개인적이고 구체적이며 심지어는 이것은 TMI(Too Much Information, 너무 과한 정보 혹은 지나치게 개인적인 정보)가 아닌가 싶은 수준의 개인 정보들을 쏟아내기도 한다. 그들의 개인사를 듣고 있다보면 내 동공은 아무도 모르게 확대되었다 줄어들기를 반복한다. 한국 사회에서는 결코 '아무렇지 않을 수 없는' 그들의 사정들도 이 곳에서는 딱히 동공이 확대될만한 이야기로 생각하지 않는 것, 그래서 '전 부인 사이에서 낳은 7살배기 아이와 놀아주는 날이라 일찍 퇴근해야해서 친목회에 참석할 수 없을 것 같아' 같은 말을, '오늘 아침 세탁기에 옷에 걸려 아끼던 셔츠가 찢어져버렸지 뭐야' 따위의 말을 하듯 무심하게 할 수 있는 사회적인 분위기, 그것이 개인주의의 참 아름다움(?) 아닐까 그런 생각을 했다.

개인사에 대한 무례한 평가에서 자유로운 이 곳 사회의 문화가 오히려 TMI를 가능하게 아니, 어쩌면 더 부추기는 것 아닐까, 그런 생각도 들었다. 사실 본인만 개의치 않는다면 최대한 많은 정보를 제공하고 추후에 생길 불편할 수 있는 상황을 미리 예방하고자 하는 모종의 의도 또한 무의식에서 작용하고 있을지 모른다. 이를테면, K는 동거하는 남자친구가 있다는 정보를 제공함으로써, 혹시나 내가 그에게 연애감정을 느끼고 홀로 애를 태운다거나 성적 매력을 어필하기 위해 애를 쓴다거나 하는 의미없을 수고로움과 어색할 상황 따위를 미리 차단해 준 것이다.

이런 캐나다 사람들의 둥글다 못해 경계가 어디인지 가장자리는 과연 있는 것인지조차 알 수 없는 넓고 커다란 형태의 질문에 익숙해졌는지 한 번씩 한국 사람들을 만나게 되면 그들 방식의 질문들로 인해 바늘에 찔린 듯 놀란다. '나이가 어떻게 돼요?', '무슨 대학 나왔어요?', '사는 곳 아파트 렌트비는 얼마에요?', '결혼했어요?' (최근엔 심지어 '결혼해봤어요?'와 같이 시대에 걸맞게 아주 창의적으로 발전했다)와 같은 한국에서도 요즘 듣기 힘들 법한 질문들을 '스몰토크'랍시고 천진난만 죄없다는 표정으로 물어대는데 응대를 하자니 처음엔 숨이 턱턱 막히다가 종국에는 헛헛한 웃음이 날 지경에 이른다. 끝이 없는 공세에 너무 어이가 없어 질문자의 얼굴을 웃음기 없이 바라보다 대충 대답한다.

"최강 스펙에도 취업난과 저임금에 허덕이는 밀레니얼 세대이고 결혼 여부와 주거비용은 아마도 이 나라 평균에 크게 벗어나지 않을 듯 싶습니다."

웃는 얼굴에도 침을 뱉을 수 있을만큼 참을성이 바닥나는 포인트는, '실례인 건 알지만' 이라든가 '죄송하지만' 따위의 부사구가 이례없이 붙는다는 것이다. 믿기지 않겠지만 저 질문들은 21세기가 시작된지 22년이나 지난 이 시점에 문화 선진국 캐나다에서 처음 만나는 한국 사람들에게서 들은 것들이다. 실례인걸 알고 죄송하면 애초에 하지 않으면 될 일 아닌가. 사회적으로 용납되지 않는 무례한 질문을 하고 있긴 하지만 교양인과 지식인의 체면은 포기할 수 없다는 건가. 그것도 아니면 그런 기본적인 예의정도는 같은 민족성을 가진 사람들끼리 좀 무시하고 한국의 정을 나누자는 합의된 적 없는 친근감의 표현인가. 서로 좀 더 가까워진 이후라면 몰라도 초면에 대뜸 그런 도를 넘은 친근감을 드러내고 강요하는 사람들과는, 미안하지만 더 알아가고 싶지가 않다.

캐나다인(꼭 국적을 이야기하는 것은 아니지만 편의상) 질문자는 커다란 다트보드를 가리키며 말한다.
"자, 네가 꽂고 싶은 영역을 마음대로 선택해서 던져줘. 고무다트를 쓰건 스틸다트를 쓰건 상관없어"
이곳에서 만난 한국 사람들(아닌 경우도 가뭄에 콩나듯 있긴 했으나)은 질문을 하며 말한다.
"내가 스틸다트를 던질게. 잘 받아서 점수를 내봐."
그들의 뾰족한 스틸다트에 상처나지 않으려면 답변자는 몸을 사리게 위해 다트보드를 방패삼아, 해도 그만 안해도 그만일 법한 '밀레니얼 어쩌구'와 같은 애매모호한 '열린'(?) 답변을 해야만 하는 것이다. 그저 질문일 뿐이고 대답하면 그만일 일을 너무 날세워 예민하게 받아들이는 것이 아니냐고 할 수도 있지만 30년이 넘는 경험에 입각하건대 뾰족한 스틸다트의 뒤를 이어 날아오는 추가 질문들은 더하면 더했지 결코 덜하진 않을 것임을 안다.

원래도 썩 훌륭하진 않았으나 캐나다에 와서 더욱 형편없어진 내 사교성에 대해 고민해보았다. 나는 어째서 '커피'를 시키기도 전에 '커피브레이크'에 대한 두려움으로 '커피'메뉴판조차 읽지 못하고 내 취향이 전혀 아닌 '더블더블'을 시키고야 마는 지경에 이르게 된 것일까? 한 동안 낯선 사람들의 무례한 질문공세에 기가 빠지다 못해 내 영혼이 머금고 있었던 H2O의 마지막 분자까지 말라버린 것 같은 기분이 드는 시기가 있었는데 아마 그때 생긴 트라우마일지도 모른다는 생각이 들었다. 그렇지 않아도 짧은 외국어에 혹시 실수라도 해서 상대방을 불편하게 하지는 않을까? 내가 그런 사람이 될 수 있다는 강박에 처음 만나는 낯선 이들과 이야기를 시작하는 것 자체가 두려워 입은 떨어지지 않았고 마음은 불안했다.

간략한 자기소개를 마친 후 지금 하는 일에 대한 불만과 수퍼바이저의 가벼운 흉을 함께 본 후, K와 나는 15분 전에 비해 꽤나 친해진 기분으로 다시 현장으로 돌아갔다. 딱 미디움 사이즈의 더블더블 한 잔 만큼의 너무 무겁지도 그렇다고 너무 가볍지도 않은 대화였다. 질문을 받은 자는 불편하지 않았고, 답변을 하는 자는 자유로웠다.

지금의 나는 약간의 배짱과 또 그만큼의 뻔뻔함을 가질 수 있게 됐다. 이제는 불편한 질문을 들어도 딱히 주눅들지 않고 내가 만들 수 있는 최고의(그리고 물론 가식적일) 함박웃음을 지으며 말한다. '이런 공적인 자리에서 적절하지 않은 개인적인 질문인 것 같으니 패스하겠습니다······.' 하지만 짜증이 날만큼 포기를 하지 않고 끝까지 물고 늘어지는 경우가 가끔 있는데 그럴 땐 나도 어쩔 수가 없다.

"아, 결혼이요? 결혼은 한 적 없습니다. 10년 전에 임신을 했는데 아기가 태어나기 전에 남자가 사고로 죽었고, 먹고 살 길이 막막해 아기는 입양 보내긴 했지만요."

예고없이 사고로 죽은 남자와 눈물을 머금고 입양보낸 아이대신, 이만리 먼 나라의 외동딸을 자나깨나 걱정하고 있을 그리운 엄마 얼굴을 떠올리며, 나는 내가 지을 수 있는 세상에서 가장 슬픈 표정으로 그 사람을 바라보았다. 질문보다 더 불편한 정적이 흐르고 질문자는 '아······.' 하며 신음에 가까운 소리를 내고는 입을 다물었다. 내 이름조차 외우지 못하면서 초면에 중매를 서겠다며 팔을 걷어부치던 사람이었고 우리가 다시 볼일은 없었다. 한국의 정도 좋고, 상부상조의 미덕도 좋으나 제발 그것들이 모든 무례함의 면죄부가 되어줄 것이란 착각은 하지 않았으면 좋겠다. 남의 집 밥숟가락 개수 까지 알아야 속이 시원한 한국식 오지랖은, 새참을 마련해온 이가 깜빡잊고 수저를 챙기지 않았을 때 가장 가까운 이웃집으로 달려가 수저를 빌려와야 했던 농경사회의 추억으로 간직하면 안되는 것일까. 어느 문화가 좋고 나쁨을 저울질 할 수는 없겠지만 불편한 사람이 많은 문화가 그렇지 않은 쪽으로 발전한 문화를 보고 배워야 하는 것은 좀 마땅하지 않은가. 그 중매쟁이는 앞으로도 똑같은 질문을 하며 살아가겠지만 그 질문을 쉽게 내뱉기 전에 나를 한 번이라도 떠올린다면, 그리고 1초라도 좋으니 머뭇거리는 순간을 갖기를 간절히 바란다.

알아두면 '은근' 쓸데있는 신박한 팁
알쓸신TIP

#08 서구 문화에 대한 이야기가 나올 때마다 '나이나 몸무게를 묻는 것은 실례'라는 것은 항상 등장하는 단골 메뉴이니 웬만한 사람들은 다 아는(지겨운) 상식이다(물론 그걸 알고도 지겹도록 안 지키는 사람이 있어서 문제지만). 하지만 그 외에도 데면데면한 사람과 그저 좀 친해져보려는 단순한 생각으로 하기엔 다소 무리가 있는 질문들이 있다. 연애/결혼 여부가 그 중에 하나다. 한국 사람들은 일종의 친근감의 표시, 혹은 친해지겠다는 의지로 너무나도 쉽게 묻고 답하는 참 가볍게 소비되는 바로 그것 말이다. "어머, XX씨 만나서 반가워요. 근데 혹시 남자친구 있어요?" 나도 그랬다. 한국에서 입사 후 첫 출근을 한 날, 인사를 하러 사무실을 돌아다니며 마치 돌림 노래처럼 들었고 답했다. 하지만 혹시 이 곳에서 스몰토크를 하게된다면, 당사자의 입에서 그런 주제가 나오기 전에 단순한 호기심으로는 먼저 묻지 않기를 추천한다. 실례도 실례이거니와 오해를 불러일으키기 딱 좋다. 가벼운 대화의 주제로 적절하지 않다는 사회적인 합의를 깨고서라도 물어야 하는 이유가 있기 때문이라고 생각할 공산이 크다. 가령, 호감의 표시라든지, 강한 호감의 표시라든지, 다급한 호감의 표시라든지……. 상대방에게 연애상대로서의 호감을 갖고 있다는 오해를 불러일으키고 싶지 않다면 피하는 것이 상책이다. 이 곳은 다양성의 나라, 캐나다라는 사실을 잊지 말자.

무작정 퇴사, 그리고 캐나다

언어가 곧
문화라는 진리

나이를 잊는 나라

캐나다에 와서 한국의 영어회화 이대로 괜찮은가, 걱정이 됐다. 한국 영어회화교육에서 가장 이해가 되지 않았던 3가지 중에서 첫째는, '이제 막 영어의 첫걸음을 떼는 입문자들에게 왜 그렇게 문법을 강조했을까'이다. 정작 원어민들도 밥 먹듯이 문법을 틀리고 아무도 문법이 틀린 것에 대해 문제 삼지 않는다(우리도 한국말을 할 때 그런 것처럼!). 그리고 두번째는 '하우알유(How are you)'에 대한 대답을 왜 "아임 파인 땡큐 앤쥬'(I'm fine thank you and you)' 만 주구장창 가르쳤는지 모를 일이다. 실제로 살아보니 'Fine'은 거의 한 번도 들어보지 못할 정도로 원어민들이 즐겨 쓰지 않는 표현이었다. 내 경험상 'good', 'great', 'alright', 'okay' 등이 가장 많이 들은 것들이고, 'fantastic'이나 'fabulous'같은 적극적인 표현은 아주 가끔씩 듣는다. 하지만 '아임 파인 땡큐 앤쥬'는 내 기억이 틀리지 않다면 7년 동안 단 한 번도 들어보지 못한 답변이다. 도대체 누가 그 교과서를 만들었을까? 그리고 내가 생각하기에 세 번째로 큰 오점은 '하우 올드 아유?(How old are you?)'다. 대한민국의 웬만한 영어 기초 회화 책을 펼쳤을 때 'What is your name?' 다음에 따라 나오는 기초 문장. 마치 사람을 처음 만났을 때 이름 다음으로 바로 나이를 물어야 할 것같은 오해의 여지가 큰 순서 배치다. 나이를 묻는 질문은 사실 기초 회화책의 가장 마지막 장에 나와도 아무 문제가 없지 않을까 싶을 정도로 살면서 쓸 일도 들을 일도 거의 없는 질문이었다.

초면에 이름과 나이를 묻는 것이 당연한 한국 사회에 비할바는 아니지만 그래도 아주 가끔 나이를 묻기도 하는데 그럴 때면 매우 당혹스럽다. '이 사람이 왜 내 나이를 알려고 하는 거지?'라는 경계의 마음을 가지게 된다. 병원에서 상담을 받는 상황이라면 모를까 굳이 나이를 알아야 할 이유가 없는 관계나 상황에서 몇 살이냐는 질문을 받으면 한국에서처럼 바로 답이 튀어나오지 않는다. 나도 이곳의 문화에 점점 익숙해지고 있는 걸까? 사실 경계적인 마음을 한 차례 가라앉히고 나이를 알려주려 마음을 먹었다고 해도 거기서 또 한 번 더 막힌다. 내 나이가 당췌 숫자로 바로 떠오르지가 않는다. 아마 내 기억이 맞다면 한국에서 세었던 마지막 나이가 28살이었다. 뭘해도 용서된다는 이십 대의 앞자리 숫자 '2' 대신 '3'을 달게 되자 무의식적으로(혹은 의식적으로) 어느순간부터인가 나이를 잊게됐다. 의도적인 외면을 떠나서도 그 이후로 나이를 딱히 셀 필요가 없기도 했다. 나이를 이야기해야 하는 상황이 거의 없으니 굳이 하지 않았고 그러다보니 가끔 질문을 받을 때마다 머릿속에서 계산기를 열심히 두드려야 했다. 게다가 이곳은 한국처럼 1월 1일에 한 살 더 먹는 시스템이 아니니 금년에서 생일을 빼고 만약 올해 생일이 지나지 않았다면 거기서 한 살을 더 빼야 한다(지금 이 글을 쓰면서조차도 과연 이게 맞는 셈법인지 확신이 들지 않는다). 이런 복잡한 과정을 머릿속에서 거쳐야 하다 보니 그 질문을 받고나서 바로 대답이 튀어나오지 않는 것이다.

나이에 대한 개념 자체가 인간관계 속에서 전혀 고려되지 않는 분위기다. 맨 처음 문화 차이를 크게 느꼈던 건 어학원에서였다. 아주 똑 부러진 친구가 있었다. 영어를 배우러 남미에서 온 친구였다. 한 달 정도 같은 반에서 같이 공부한 친구였지만 친하다고 할 수는 없는 관계였기에 진지하게 따로 할 말이 있다는 말에 조금 당황했다.

"너는 뭐든지 열심히 하고 똑똑한 것 같은데 큰 문제점이 있는 것 같아. 사회성이 너무 부족해. 너 자신을 드러내고 사람들과 어울릴 줄도 알아야해. 그렇게 혼자 구석에만 있으면 네 손해지. 네가 내 충고를 듣고 노력했으면 좋겠다."

그 충고를 듣고 나서 한동안 눈만 멀뚱멀뚱 뜬 채 반쯤 넋이 나갔었다. 초등학교 3학년때 였던가, 유독 엄하셨던 그 때의 담임선생님을 떠올리게 하는 표정과 근엄함으로 나에게 충고를 해준 그 친구는 16살이었고 나는 당시 28살이었다. 띠동갑 고등학생에게 인생 충고를 들은 '낼 모레 서른'은 당혹스러움에 더듬거리며 고맙다는 인사를 하는 것 말고는 달리 할 수 있는 것이 없었다.

캐나다 컬리지의 학교를 다닌 지 1년 정도 된 시기였다. 복도에서 같은 반 아이들과 교수님 무리를 마주쳤다. 마침 그 수업에 들어가고 있던 차라 아는 체를 하고 무리에 합류하게 됐고 무슨 주제였는지 기억은 나지 않지만 교수님께 가벼운 고마움을 표현해야 하는 상황이었다.

"Thank you, Sir"

자동적으로 튀어나온 말이었다. 순간 정적이 흘렀고 나를 제외한 학생들과 교수님은 웃음을 터뜨렸다. 교수와 학생들 사이에서 Sir 혹은 Professor라는 호칭은 사라진 지 오래였다. 물론 학교, 전공의 분위기, 개인의 성격 등에 따라 편차가 있겠지만 일단 내가 속한 그 학과의 분위기는 전혀 그렇지가 않았다. 한 달에 한 번꼴로 열리는 파티에서 학생, 교수할 것 없이 한 자리에서 모여 술을 마시며 편하게 농담하는 사이였고 강의도 소규모 분반으로 진행되

어 친밀도가 상당히 높아 모두가 교수님의 이름을 불렀다. 바로 옆에 다른 학생들이 지나가면서,

"Yo, man, you know what",

"Hey, Rob. What's up?"

을 시전하고 있는데 거기서 나는 극존칭인 'Sir'를 붙인 것이다. 틀린 것은 아니지만 누가 봐도 외국어에 미숙한 외국인이 분위기에 따른 적절한 언어구사에 실패해 저지른 웃기면서도 슬픈 해프닝이었다. 그게 그렇게 웃기는 일인가 싶었지만 그 때 그들에게는 '그렇게 웃을 일'이었나 보다. 강의실에 들어가는 것도 잊은 채 학생들과 교수가 나를 둘러싸고 박장대소했고 나는 얼굴이 시뻘개진 채 그저 따라 웃으며 쓴 웃음을 지었다. 지금 생각하니 그게 뭐 별일인가 싶다. 하지만 그 때 그 순간만은 우주에서 사라지고 싶을 만큼 창피했다. 그날 수업 내내 아무것도 귀에 들어오지 않았다.

학교에서 대강당 전체 수업을 할 때 때때로 집중력이 떨어지는 순간이 있다. 그럴 때마다 내 옆에 앉은 캐네디언 남자아이가 나에게 인생 수업을 들려주곤 했다. 이 우주가 어쩌고, 만물이 어쩌고, 하늘 위의 별들의 무한함과 인간의 유한함이…… 그러니까 니체의 사상을 본받아……. 결론이 무엇인지 알 수는 없는 가르침이었지만 나는 고개까지 주억거리며 꽤 흥미롭게 들었다. 그는 18살이었고 내 나이 서른 살이었다. 그러거나 말거나 그런 이야기들 속에서 나이는 하나도 중요한 것이 아니었다. 방송 인터뷰나 신문에서 여

지없이 이름 옆에 괄호를 붙여 나이를 써붙이는 한국 사회에서 쉽지 않은 경험들이었다. 적어도 내가 경험한 30년의 한국은 결코 아니었다. 나이는 굳이 의식하지 않더라도 무의식 속에 수직적인 관계를 형성한다. 웬만하면 상대적 나이를 상기시키는 호칭이 존재하기 때문에 어떤 사람을 떠올리면 나보다 나이가 많은 사람, 적은 사람, 혹은 동갑이라는 나이에 대한 개인 정보(서열)가 먼저 들어온다. 반면에 캐나다에서는 사람에 대한 나이 정보를 크게 중요하게 생각했던 경험이 없다. 나이를 아예 모르기 때문이기도 하겠지만 안다고 해도 나이를 그 사람의 수 많은 속성 중 하나로 여겼다.

나에게 진심 어린 충고를 해준 남미에서 온 16살 아이와 대강당 옆자리의 18살 친구, 그들은 내 나이를 몰랐다. 알려고 하지도 않았고 알아도 크게 다르게 대했을 거라고 생각하지 않는다. 내가 한국에서 만났던 사람들은 얼굴을 떠올리면 그들의 나이가 기억이 난다. 간혹 성은 기억나지 않는데도 나이는 분명하게 기억이 나는 경우도 있다. 그들을 불렀던 호칭의 영향일 것이다. 나는 호칭 때문에 인간관계에 불편한 구석이 있었던 것 같다. 나를 언니, 누나라 불렀던 사람들에게는 모범을 보여야 할 것 같고, 내가 언니, 오빠라고 불렀던 사람들에 대해서는 버릇없이 선을 넘을까 괜히 조심스러웠다. 이래나 저래나 심적 부담감 때문에 늘 편하지가 않았다. 그렇다고 사회생활을 하는데 동갑만 만날 수도 없는 노릇이니 말이다.

이 곳에서 만난 M은 가장 좋아하는 캐릭터가 고질라이며 가장 싫어하는 것은 인도 위의 전동 스쿠터다. D의 꿈은 그만의 스튜디오를 갖는 것이며 잘난 척 하는 사람을 바퀴벌레보다 싫어한다. 그리고 미니카를 모으는 취미가 있는 직장 동료 J의 취침 시간은 칼같이 9시 30분이다. 하지만 나는 그들의 나이를 모른다. 그들도 내가 무슨 취미가 있는 지 어떤 책을 읽고 있는 지 알고 있지만 내 나이를 물은 적이 없다. 나이를 아는 것이 나쁘다는 것이 아니다. 그것이 무례함을 피하기 위해서이든, 필요에 의해서든, 나이를 모르는 상태에서 훨씬 다양한 사람들과 더 허물없는 관계를 맺을 수도 있는 게 아닐까 하는 생각을 했다.

나이를 잊고 사는 나라, 나이를 잊어서 속 편한 나라. 삼십대가 십대에게 인생 충고를 듣기도 하고, 삼십대와 칠십대가 친구가 될 수도 있는 나라.
머리가 새하얀 M과 나는 시시한 농담을 주고 받으며 낄낄댄다. 가끔 짓궂은 장난을 치며 어깨를 툭툭 치기도 하고 기분이 좋을 땐 하이파이브도 한다.

아무리 생각해도 한국의 영어회화책의 모든 '하우 올드 아유'는 책의 맨 마지막장으로 옮기는 것이 맞는 것 같다.

알아두면 '은근' 쓸데있는 신박한 팁
알쓸신TIP

#09 처음 만난 사람과 통성명을 할 때 본명을 밝혀야 한다는 부담을 내려놓고 내가 불리고 싶은 닉네임으로 소개해봐도 좋을 것 같다. 영어식 이름이어도 좋고, 내가 만들어낸 새로운 단어(몇 번이나 다시 말해주어야 한다는 불편함은 있지만)도 좋다. 요즘 유행하는 '부캐'(부캐릭터)가 내 정체성을 담은 별명(혹은 애칭)이 될 수 있다. 캐나다인들도 원래 이름보다 짧고 간소하게 만든 애칭으로 불리길 선호하는 사람이 많다. 그래서 이곳 사람들은 애초에 Matthew 대신 Matt, William 대신 Bill, Alexandra 대신 Alex로 자신을 소개한다. 그런 문화를 잘 몰랐을 때 마이클을 마이클이라 부르고, 아비가일을 아비가일로 부르는 바람에 영어색했던 경험이 있다. 상대방에게 어떻게 불리고 싶은지 'What do you go by?'라고 먼저 물어보는 것도 좋은 방법이다. 토론토에서 오랜 기간 함께 일한 동료 Chris는 어렸을 때의 애칭인 'Chrispy'(동음어 Crispy : 바삭한)을 매우 좋아했고, 사석에서 그에게 'Hey, Chrispy'하면 'I fxxxing like you'라며 그 애칭에 대한 열렬한 애정을 드러내곤 했다.

무작정 퇴사, 그리고 캐나다

나이도 성별도 없는 이력서

대학교 2학년이었나 3학년이었나 기억은 잘 나지 않지만 하루는 학교 선배들이 학과 공용 컴퓨터에서 우르르 몰려서 무언가를 하고 있었다. 뭐하냐 물었지만 좋은 거라며 일단 하라기에 따라 신청을 했다. 그것이 S전자의 3개월짜리 인턴십 채용 공고라는 것은 문자로 알림을 받고 나서 알았다. 날짜를 보니 적성검사까지 일주일 남짓의 시간이 있었고 아이큐 테스트와 비슷하다는 말을 어디선가 들은 것 외에 아는 것이 전혀 없었다. 적성검사 기출 문제집이라도 사야하나 생각하다가 법전만큼 두꺼운 책을 일주일 안에 다 볼 수도 없을 것 같아 포기했다. 그런데 돼지꿈이나 흔한 '똥꿈' 따위도 꾸지 않고, 별다른 준비도 없이 한 적성검사에서 덜컥 합격했다. 인턴을 마치고 대학 4학년 1학기가 끝날 무렵 나는 정규직 사원 합격 통지를 받았다. 그렇게 별 고민도 노력도 없이 대기업 정규직이라는 울타리에 입성을 했다.

이쯤되면 눈치챘을 것이다. 이건 '공부도 안했는데 대기업에 철썩 합격해버렸어요'로 요약되는 아주 재수없는 취업 성공기다. 하지만 그렇게 '재수없이' 생각하지 않으셔도 된다. 내 취업 운은 딱 거기까지였기 때문이다. 세기의 취업난 시대에 별다른 노력 없이 굴지의 대기업에 합격해버리는 큰 운을 한 번에 써버린 탓에, 그리고 캐나다에서 취업과 거리가 멀어도 너무 먼 학과를 선택한 탓에 학교를 졸업하고도 다양한 파트타임을 전전해야 했다. 한국에서의 이력을 살려 취업을 하면 돈을 많이 벌 수 있지 않냐는 주위 사람들의 말에, 내가 좋아하는 일을 찾겠다며 고집을 부렸다. 그러나 3년의 공백을 메우기 위해 한국에서 하던 일에 대한 공부를 다시 시작할 용기와 열정이 없었다는 게 더 솔직한 심정이었다.

식당에서 서빙을 하고 마트에서 햄을 썰었다. 스타벅스에서 음료를 만들었고 5톤 트럭을 운전하기도 했다. 여러가지 경험들을 하는 게 딱히 나쁘지 않았지만 보수가 너무 엉망진창인 탓에 조금 더 안정적인 정규직이 필요하다 싶어 본격적으로 이력서를 넣기 시작했다. 합격 여부를 떠나 내가 공부한 내용을 조금이라도 적용시켜 일할 수 있는 곳을 찾는 것이 일단 쉽지 않았다. 그리고 무엇보다도 완벽하지 않은 영어가 마음에 걸려 이력서를 내는 것조차 주눅이 들었다. 수 십 번을 고치고 고친 이력서와 커버레터를 소심하게 보내고 나서 5분마다 한 번씩 이메일 확인을 했다. 폰 알람이 울릴 때마다 심장이 철렁했다. 그러다 드디어 한 곳에서 서류가 통과되어 면접을 보러 오라는 연락이 왔다. 신기하게도 한 곳에서 연락이 오자 나머지 두 곳에서도 1차 면접을 보러 오라는 이메일이 왔다. 그런데 재미있는 사실은 그 3곳에서 온 이메일 모두 이렇게 시작했다.

Dear Mr. xxx

영어 이름을 따로 쓰지 않기에 한국에서 쓰던 이름 그대로 보냈더니 남자 이름으로 본 것이다. 그러고보니 캐나다에서 쓴 이력서와 커버레터(자기소개서)는 한국에서 썼던 것과는 많이 달랐다. 한국에서 인턴십 채용공고 이력서에 붙일 증명사진을 잘 찍어준다는 곳을 일부러 찾아다녔다. 인터넷에서 '호감가는 이마라인'을 검색하며 조금이라도 합격 확률을 높이기 위해 잔머리를 뽑으며 피와 눈물을 조금 흘리기까지 했다. 그리고 아주 당연하게 나이도 기재했다. 이력서 한 장에 한 사람의 성별, 외모, 나이 등의 웬만한 개인 정보가 모두 담긴 셈이다. 아마도 이제는 한국도 아주 보수적인 회사를 제외하면 이런 풍토와 분위기도 많이 바뀌었으리라 생각한다. 요즘 젊은 기업들의 잡포스팅에는 '성별, 나이, 부모님에 관한 정보 등 필요하지 않은 정보는 절대 기재하지 말라'는 안내문도 종종 보이는 걸 보면 '라떼'를 외치는 꼰대가 된 기분이다. '라떼'는 누릴 수 없었던 한국의 이런 변화들이 놀랍고 반갑고, 그리고 솔직히 조금 질투도 난다.

1차 면접을 본 3곳 중 2곳은 불합격 소식을 들었고 1곳에서는 합격 소식을 들었다. 나중에 1차 면접을 본 매니저가 말해주길, 면접을 보러 온 나를 맞이하려고 2층에서 내려오면서 내가 나이가 너무 많아서 일을 같이 할 수 없겠구나 생각했단다. 그때 당시 나는 머리카락 전체를 5번 정도 탈색한 상태였고, 2층에서 내려오면서 내 정수리만 볼 수 있었던 그는 머리가 하얗게 셀 정도로 나이가 많은 노인이라고 생각했던 것이다. 그 말을 듣고 한참 웃었다. 당연히 나를 여자로, 그리고 나이는 2,30대 정도로 예상할 것이라 생각했다. 그런데 잘 생각해보면 그렇게 착각한 것도 무리가 아니다. 이력서와 커버레터에는 사진도 없었고, 나이 정보도 없었기에 면접을 보기 전엔 내가 남자인지 여자인지 아니면 '규정하지 않고 싶은 성별'인지, 그리고 나이가 많은지 적은지 알 길이 없다는 사실을 인지하지 못했다.

어쩌면 그 덕분에 내가 지금까지 입에 풀 칠이라도 하고 사는지도 모르겠다. 육체적으로 힘든 직업이라 동료의 90퍼센트 이상이 남자다. 그런 직종에서 사람 10명을 뽑는데 이력서가 100장쯤 들어왔다면 애초에 서류 전형에서 특정 성별에게 불리하게 작용했을

지는 아무도 모를 일이다.

이곳은 나이를 신경 쓸 일이 많지 않고, '나이 때문에' 무언가를 못하는 경우는 거의 없다. 한국에서 대기업 신입으로 취업에 성공하려면 여자 나이 24~27, 남자 나이 27~30을 벗어나면 힘들다는 말이 있었다. 그리고 실제로 주변의 사례들을 보면 영 말도 안되는 소문만은 아닌 것 같았다. 캐나다는 같은 직종에서도 연령층이 매우 다양하다. 식료품점에서 샐러드를 만들고 햄을 썰던 시절, 나와 3교대를 하던 나머지 동료 2명의 나이 차이는 50살이 넘었다. 나이를 밝힌 적은 없지만 한 동료는 막 대학에 입학했고 다른 동료(?)는 일흔 두번째 생일 파티에 대해서 이야기를 한 적이 있어 대략 그렇게 짐작할 뿐이다. 스타벅스 바리스타로 일할 때도 이제 막 고등학교를 졸업한 아이와 머리가 희끗한 아저씨가 함께 커피를 내리고 진열대를 채웠다.

나이도 성별도 그리고 사진도 없는 캐나다의 '블라인드'이력서, 그것들로 제한을 두지 않는 취업의 문은 반대의 경우보다 분명 훨씬 넓게 열려 있을 것이다. 하지만 거꾸로 생각하면 성별, 사진의 부재로 생긴 이력서의 빈 공간을, 나를 보여줄 수 있는 다른 정보들로 메꿔 넣어야 한다는 뜻이기도 하다. 아무 생각 없이 공간을 채울 수 있는 사진, 나이, 성별 따위의 기본 정보들을 넣지 않다 보니 이력서에 빈 공간이 너무 많이 남는다. 쓸 만큼 썼다고 생각했는데 종이의 반도 못 채웠다. 머리를 싸매며 캐나다 땅만큼이나 넓어 보이는 빈 공간을 야속하게 노려본다. 폰트를 더 키우다가 이력서가 아니라 식당 홍보 전단지같아 보일 것 같아 적당한 선에서 그만두었다. 빈공간이 많아 허전한 이력서를 한참 바라보다가 이제는 나이 대신 내가 무엇에 열정적인지, 성별 대신 내가 가진 기술이 무엇인지, 그리고 포토샵으로 다듬은 어색하게 웃고 있는 증명사진 대신 어떤 경험들이 지금의 나를 만들었는지를 보여줄 수 있는 이력서와 자기소개서를 갖고 싶다는 생각을 한다.

알아두면 '은근' 쓸데있는 신박한 팁
알쓸신TIP

#10 캐나다에 오기 전 유학원을 여러군데 찾아갔었다. 상담실에 들어가 자리에 앉기도 전에 그들은 준비되어있던 책자를 꺼내 코 앞에 펼쳐 보이며 그 안에서 골라보라고 했다. 전문대학의 기술직 관련 학과를 소개하는 브로셔였다. 대부분 유학원들이 미용, 정비, 제과제빵, 용접 등을 추천했다. 실제로 캐나다에 살면서 전문 기술직에 종사하는 한국 이민자들을 많이 보았고, 한국인 특유의 꼼꼼함과 섬세함, 그리고 탁월한 손재주로 대부분의 경우 능력을 인정받고 있었다. 특수한 경우를 제외하고는 현지인에 비해 부족할 수 밖에 없는 언어 능력을 극복하고, 안정된 삶에 다가갈 수 있는 확률 높은 전략임은 부인할 수 없어 보인다. 하지만 나는 유학원이 내미는 책자를 넘어 더 많은 가능성들을 본인 스스로 확인하고 찾은 다음 선택하라고 말해주고 싶다. 인터넷으로 캐나다 학교의 웹사이트에 들어가 어떤 프로그램들이 있는지 훑어보면 제지공학, 드론학과, 은퇴설계학과, 특수분장, 브루마스터학과 등 생각보다 정말 다양한 진로가 있다. 유학이나 이민은 인생의 큰 도전이다. 큰 결심을 한 여정인만큼 남들이 권하는 얇은 책자 몇 권에 내 미래를 내맡기기보다 평소에 해보고 싶었거나 관심이 있는 분야에 용기내어 뛰어들어보길 권한다. 단, 유학원에서 권하는 학교와 학과가 아닌 경우 입학 요강이나 지원에 대한 부분은 스스로 해결해야 하거나 도움을 받는다 하더라도 추가비용이 발생할 수 있다.

유학원을 찾아갔는데 당신의 의견이나 관심사에 대해 물어보지도 않고, 특정 학교나 학과를 지나치게 강권한다는 느낌이 든다면 99퍼센 해당 학과와 상대적으로 높은 커미션이 연계되어 있을 확률이 높다. 고객의 관심사나 흥미보다 커미션에 더 연연하는 유학원이라면 애초에 엮이지 않는 편이 낫다. 주는 커피도 마시지 말고 얼른 도망치시셔라.

무작정 퇴사, 그리고 캐나다

영어가 인권이다

다음은 캐나다의 인권 조례다.

'캐나다 인권 조례는 국민 각자가 차별 받지 않고 살고, 일할 수 있는 평등한 기회를 보장해 주고 있습니다. 이 조례는 개인의 인종, 국가, 민족성, 피부색, 종교, 나이, 성별, 성적취향, 결혼여부, 가정형편, 장애 또는 사면을 받은 범죄 전과를 근거로 하는 차별을 금지하고 있습니다.'

좀 멋지다고 생각했다.
이번엔 '인권'의 사전적 의미를 찾아봤다.

'사람으로서 마땅히 누려야 할, 자유·평등 등의 기본적 권리'

사람이라면 누구나 누린다니까 캐나다라는 이 사회에 속하기만 하면 저 모든 권리가 내 것이 되는 줄 알았다. 하지만 아니었다. 저 모든 권리에 앞서는 충분조건이 필요하다는 것을 깨달았다. 이렇게 고쳐야 할 것만 같다.

'영어를 잘하는 사람이라면 마땅히 누릴 수 있는 자유·평등 등의 기본적 권리'

영어를 잘 하지 못하면 저 아름다운 인권 조례의 문구는 유의미하지가 않다. 당연히 원칙상 영어를 못한다고 해도 차별을 받거나 부당 대우를 받으면 안된다. 영어를 잘 하건 못 하건 똑같이 세금을 내고 똑같이 정부 보조금을 받을 수 있다. 하지만 언어가 내 맘대로 안되니 똑같이 주어질 그 권리를 애초에 챙겨 먹을 수가 없는 것이다. 차별의 부당함을 호소하기 위해 '방금 저 사람이 나 영어 못한다고 무시하고 조롱했어요.' 라고 어딘가 하소연을 하려해도 일단 말을 할 줄 알아야 하지 않겠는가. 어느 나라나 그건 마찬가지 아니냐고 묻겠지만 영어만 할 줄 아는 외국인을 바라보는 한국 사회의 시선과는 사뭇 다른 분위기의 시선을 감내해야 한다는 것이 큰 차이점이다. 세계 공용어인 영어의 힘일 것이다.

처음 캐나다에 와서 백 일간은 여행자 모드였다. 그 삼 개월은 어학원을 다닌 기간이다. 생활이라기보다 여행이었고 매일 구름 위에 뜬 기분으로 살았다. 아무것도 신경 쓸 것 없이 영어에만 집중한 유일한 시간이었다. 모든 반에 다양한 나라의 학생들을 배치하는 걸 철칙으로 삼는 학원이다보니 학원이라기보다 국제박람회나 다문화체험관에 매일 견학가는 기분이었다. 거기서 나는 그나마 사회 경험이 있는 '노장'이었고(피하고 싶은 타이틀이었지만) 한국에서 회사 다닐 때 업무상 영어를 아주 가끔씩 써야 했던 경험 덕분인지 성적이 나쁘지 않았다. 열 명 남짓한 학원 학생들 사이에서 그럭저럭 괜찮은 성적을 받은 나는 나중에 엄청난 후회를 하게 될 줄도 모른 채 대단한 착각을 했다. 영어는 살면서 차차 배우면 큰 문제 없을 것이라는 대착각······. 학원에서 받아들었던 영어 성적 따위는 시험 종이만큼이나 얄팍한 것이라는 걸 그 때는 정말 알지 못했다.

비유하자면, 사방이 막힌 감옥에 갇힌 무능력한 죄수가 된 기분이었다. 세상의 빛을 보기 위해선 그곳을 탈출해야 하는데 내게 주어진 것은 쇠숟가락 하나. 어학원을 다니는 3개월은 고작 1cm짜리 두께의 하얀 석고벽을 파는 느낌이었다. 벽을 긁을 때마다 꽤 진도가 나가는 것 같아 보였고 대여섯 번의 힘찬 숟가락질에 금세 구멍이 펑하고 뚫렸다. 쇼생크 탈출의 마지막 장면 같은 환희를 느끼며 그것으로 세상의 빛을 보게 되는 줄 알았는데 알고 봤더니 석고 벽은 세상이 나에게 준 연습 게임 같은 거였다. 그 벽 뒤에는 깊이도 알 수 없는 시커먼 시멘트 벽이 표정조차 가린 복병처럼 나를 기다리고 있었다. 아무리 숟가락 질을 한다고 해봐도 숟가락만 닳는 것 같고 진도가 도통 나가는 것 같지가 않다. 내 앞을 가로막은 복병이 들고 있는 깃발에는 이런 글자가 보란듯이 쓰여있었다.

"네. 이. 티. 브."

어학연수생일 때 내 옆에 선 선수들은 나와 같은 외국인들이었지만 사회에 나오자 네이티브라는 철통 같은 무기로 무장한 경쟁자들이 어디 한번 덤벼보라며 나를 노려보고 있다. 캐나다에 첫 발을 내디뎠을 때 그 때 이미 나이 서른을 바라보는 '입신'의 끝물이었다. 시간도 아까울뿐더러 4주에 120만 원이 넘는 학원비를 오래 감당할 수 있는 처지가 아니었다. 2년제 전문대학에 들어갈 자격요건을 갖추자마자 학원을 그만뒀다. 나는 아직도 우물 안 개구리 시절이었던 그때의 자만이 불러 온 실수를 후회한다.

외국어 학습에서 아주 중요한 두 가지는 마시멜로우처럼 말랑한 두뇌와 정규 교육과정이라고 생각한다. 언어를 담당하는 뇌가 굳기 전에 습득하는 것이 핵심이지만 정규 교육 과정의 경험 여부도 아주 크게 작용한다고 믿는다. 자의든 타의든 검증된 커리큘럼을 정제된 영어로 배울 수 있는 정규교육과정을 통과할 수 있는 자격은, 그 나라의 언어를 제대로 배울 수 있는 드물게 훌륭한 혜택이다. 일하면서 혹은 살면서 언어실력이 늘 것이라 생각했던 나는 내 의지와 능력을 과대평가했던 것이다. 물론 조금씩 나아지긴 하겠지만 내 실수를 고쳐주고 발음을 바로 잡아줄 선생님 없이 사용하는 영어는, 마치 연습상대나 스승없이 허공에 주먹질만 하는 무술 연마처럼 더디고 효율이 떨어질 수 밖에 없었다. 스물아홉? 더 이상 마시멜로우 뇌도 아니다. 그런데 꼴랑 삼 개월 공부를 하고서 이제 준비가 다 된 줄 알았던 나는 아직도 애증의 영어와 매일 밀당을 하며 그렇다고 영 헤어질 수도 없는 애인을 둔 기분으로 살고 있다.

언어는 곧 생활이고 경쟁력이고 돈이다. 네이티브들도 말하기 능력에 따라 임금 협상을 잘하는 사람과 못하는 사람 나눠질텐데 하물며 영어가 안 되는 사람에게는 어떨까? 정말 마음에 들어 보이는 잡 포스팅을 발견해도 꼭 하나 걸리는 게 있어 꺼냈던 이력서를 매번 다시 주섬주섬 집어넣는다. '네이티브 잉글리시 스피커'…… 하아……. 그놈의 네이티브! 살겠다며 생존을 위해 고군분투하려는 순간 순간마다 깃발을 올리며 약을 올리는 것 같았다. 그런데 열 받는 것 자체가 우습다. 이곳은 영어를 모국어로 쓰는 영어권 나라 아닌가. 영어를 더 공부할 수 있었는데 이만하면 됐다며 스스로 어학원을 그만둔 것도 나였다.

사실 영어 적당히 해도 분명히 잘 살 수 있다. 둥글둥글한 성격에 타인의 시선에 크게 영향을 받지 않는 성격이라면 스트레스 받지 않고 살 수 있다. 실제로 그런 사람들도 많이 경험했다. 다만, 소심한 성격에, 자존심도 좀 세고, 거기다 게으른 완벽주의자, 이 세가지 키워드 중에 하나라도 해당된다면 영어권 나라에 가기 전에 최대한 많이 영어공부를 하고 오라고 말해주고 싶다. 나는 불행히도 그 3가지를 골고루 다 갖춘 주제에 건방지게도 '이 정도면 되겠지'하는 안일한 생각을 했고 그 결과로 무수히 많은 권리들을 놓쳤다.

이렇게 징징거릴 시간에 한 자라도 더 공부하는 게 낫지 않겠냐고? 슬프지만 나도 안다. 알면서도 이러고 있는 걸 보면 그 '네이티브'라는 이길 수 없는 무적의 존재를 이제는 받아들이고 어느 정도 포기하는 것이 마음의 평화와 정신적 건강을 위해 좋을 수도 있겠다 싶다. 하지만 나는 오늘도 끝을 알수 없는 시멘트 벽에 숟가락질을 멈추진 않는다 아니, 멈출 수가 없다. 내 권리를 위해서, 내 인권을 위해서. 공기 중에 흩날리는 희미한 시멘트 가루 냄새를 맡으며 그래도 매일 조금씩은 앞으로 나아가고 있는 거라고 믿는다.

알아두면 '은근' 쓸데있는 신박한 팁
알쓸신TIP

#11 캐나다에 산다고 하면 '영어 어떻게 하면 잘 할 수 있냐?'라는 질문을 심심찮게 듣는다. 나는 그 사람들에게 '사람 제대로 찾아오셨다'며 내 얘기를 해준다. 나는 그 질문에 대해서 꽤 훌륭한 적임자라고 자부한다. 지금부터 내가 하는 '짓'들을 나열해볼 테니 최대한 그 반대로 꾸준히 하시면 장족의 발전을 이루시리라.

- 세계에서 가장 큰 빅데이터를 가진 영어 자료들을 놔두고 구글에서 굳이 '한국어로 검색'한다
- 무수히 많은(게다가 재밌다고 소문까지 자자한) 영어로 된 콘텐츠(영화, 드라마, 책, 팟캐스트)를 놔두고 한국책만 찾는다.
- 학교, 직장, 혹은 데이팅 어플까지……. 얼마든지 '원어민'을 찾아 직접 대화할 수 있는 축복받은 환경에서 '진짜 원어민'들을 놔두고 영어회화 공부를 하겠다며 유튜브를 전전하다 결국 마법같은 유튜브 알고리즘에 이끌려 영어와 전혀 관련없는 것들을 두 시간 째 보고 있다.
- 이 모든 것들이 하등 영어실력에 도움이 안된다는 것을 머리로 알면서 또다시 반복한다.

영원한 차선책을 선택하는 의지

원서로 된 전공 서적을 이해하는 것보다, 전문 용어가 난무하는 회사 회의에 참여하는 것보다 더 큰 영어의 벽을 느끼는 순간은 젊은(?) 혹은 어린 친구들과의 대화에 끼는 것이다. 컬리지를 다닐 때였다. 마침 수업이 끝나고 다음 강의까지 시간이 남아 어쩌다보니 같은 반 아이들끼리 수다를 떠는 자리에 함께 하게 되었다. 방금 마친 수업에서 발표한 팀프로젝트 대해 이야기하고 있었다. 지금보다도 더욱 영어에 자신감이 없었던 때라 대화에 참여는 커녕 그들이 무슨 말을 하는지 열심히 따라가려고 애쓰며 구석에서 듣고 있었다. 그런데 분명 서로의 프로젝트에 대해 긍정적인 리뷰들을 주고 받는 분위기에서 이해할 수 없는 단어가 반복적으로 들렸다.

"그런데 말이야……."

평소 말이 없던 내가 입을 떼자 다들 놀란 표정으로 일제히 나를 바라봤다.

"그런데…… 누가 아프기라도 한거야?"

아픈 누군가에 대한 걱정과 한창 격양된 그들의 즐거운 대화를 끊은 것에 대한 미안함이 섞인 표정으로 대답을 기다리던 나를 제외한 그 자리의 모든 아이들이 동시에 폭소했다. 알고보니 그들이 입에 달고 있었던 'that's sick'은 누가 아프다는 것이 아니라 한국어로 치면 '그거 죽이네', '와, 쩌는데?!', '헐 대박' 정도로 번역될 수 있는 'that's cool'의 비속어 버전 같은 것이었다. 'sick'의 정체를 알고 나니 사람마다 저마다의 'cool'이 있다는 것도 알게 되었다. 'sick' 'dope', 'wicked', 'rad(ical)', 'legit', 'lit', 'savage'……. 그날 용기를 내서 물어보지 않았다면 아마 '아픈 약물'과 '사악한 합법'과 '급진적인 야만인'들 사이에서 공통점을 찾지 못하고 얼마나 한참 동안 방황했을까.

해외생활을 하기 전 가지고 있었던 큰 로망(로망이라고 적고 오해라고 읽는다.) 중 하나가 '영어'였다. 그 흔한 어학연수 경험 한 번 없던 나는 솔직히 어렸을 때 해외에서 살다온 경험이 있던 친구들에 대한 강한 선입견이 있었다. 9살부터 11살까지 2년을 살다온 중학교 동창 H는 단어가 잘 생각이 나지 않는다며 조사와 서술어를 제외한 모든 단어를 영어로 말했고, 1년짜리 교환학생 프로그램을 다녀온 고등학교 동창 K는 'see you tomorrow'를 '씨유-마로우'

(지나친 t묵음현상)로 읽어 영어선생님을 깜짝 놀라게 만들었다. 그런 친구들을 보며 학창시절을 보낸 나는, 영어실력은 해외에서 살다보면 증정품처럼 자동으로 따라오는 것이라고 막연히 믿었다. 사실 완전 틀린 생각은 아니다. MIT 연구진에 따르면 최소한 18세 이전에 외국어를 제대로 학습하면 원어민에 가까운 수준으로 도달할 수 있다고 하니 해외 경험이 18세 이전이라면 충분히 가능성이 있는 것이다. 지금 떠올려보아도 초등학교 때 부모님을 따라 미국에서 2년 살다온 H와 1년 짜리 교환학생 프로그램을 다녀온 K의 영어가 캐나다에서 7년 째 살고 있는 지금 내 영어수준보다 훨씬 유창하고, 자연스러웠던 것으로 기억한다. 하지만 언어학습의 '골든타임'을 한참 지난 나에게는 그저 '해외에 사는 것' 이상의 무언가가 필요했다. 언어영역에 대한 두뇌 발달과 신경가소성 따위의 생물학적인 요인은 차치하더라도 머리가 이미 굳어질 대로 굳어진 나이에 시작한 내 경우, 외국의 학습의 효율을 저해하는 보다 강력한 요인들이 있었다.

첫째, 간장, 심장, 비장, 폐장, 신장 다음으로 내 몸 안에는 탈부착이 불가능한 또 하나의 6번째 장기가 들어서게 되는데 그건 바로 열등감이다. '나는 네이티브가 아니니까', '나는 영어가 완벽하지 않으니까' 와 같은 자격지심은 늘 브레이크를 걸었다. 한국어로 진행되는 수업이었다면 이해가 안될 때 바로 손을 들어 질문했을텐데 영어로 질문을 해야 하다보니 이렇게 표현하는 것이 혹시 틀린

건 아닌지 머릿 속으로 점검하고 스마트폰으로 확인까지 하다보면 결국 질문할 타이밍을 놓치곤 했다. 패기 넘치던 20대 초반, 유럽, 인도, 동남아시아 등으로 여행을 다닐 때는 지금보다 훨씬 못한 영어로도 자신감에 가득 차 있었다. 그 땐 어떻게 그럴 수 있었을까? 그 때 쓰던 영어는 음식을 주문할 때, 길을 물어볼 때, 대중교통 이용권을 구매할 때가 전부였기에 대화의 깊이랄 게 딱히 없었고 내 등에 매달린 40리터짜리 커다란 배낭과 햇볕에 그을고 꾀죄죄해진 얼굴, 누가봐도 여행자임을 알려주는 행색이 어설픈 내 영어에 대한 합리화를 해주리란 것을 모르지 않았다. 지구 저 어딘가에서 용기있게 배낭여행을 온 아시안 여자아이가 주머니에서 꼬깃꼬깃한 지폐를 꺼내놓으며 영어회화 포켓북에서 보았던 문장으로 햄버거를 주문하기만 해도 기특해하던 시선들이 있었다.

둘째, 영어 뿐 아니라 다른 외국어의 성공적인 학습을 위해 반드시 포기해야 하는 것이 있다. 편리함과 익숙함이다. 뉴스 기사를 읽을 때나 알아내야 하는 정보를 찾을 때 습관적으로 한글 검색을 하게 된다. 머리를 식히려는 목적으로 소설책을 읽고 싶을 때도 빠르게 집중하고 내용을 이해하기 위해서 영어책이 아니라 한국 소설책을 찾게 된다. 열등감을 여섯번째 장기로 몸에 지닌 채 다수의 사람들 앞에서 발언을 하는 용기를 내는 것보다, 어쩌면 편리함과 익숙함에 대한 관성을 밀어내고 불편함과 낯섦을 택하는 것이 훨씬 큰 에너지가 드는 것일지도 모른다. 일상의 모든 순간에서 나에게 훨씬 효율적인 한글이라는 최선의 도구를 포기하고 차선이 될 수 밖에 없는 영어를 택해야 하기 때문이다. 한국에서 영어를 공부하는 것이 우리 몸에 물을 뿌리는 것에 비유할 수 있다면 영어권 나라에서 영어를 공부하는 것은 물에 걸어 들어가는 것에 비유할 수 있을 것 같다. 내 주위는 온통 이렇게 배우고 익힐 것들이 수영장의 물처럼 가득 차 있는데 그럼에도 불구하고 자존심과 두려움, 완벽에 대한 강박, 오랜 시간 굳어진 습관들이 빈틈없는 고어텍스처럼 내 몸에 착 달라붙은 채 새로운 언어가 자연스럽게 스며드는 것을 막고 있는 느낌이다.

하지만 나에게 이 곳은 여행지가 아닌 생활의 현장이고, 그 삶의 현장은 나에게 휴가라는 구실이 아닌 생존이라는 미션이 준다. 언제까지나 별탈없이 햄버거를 주문하고 뿌듯해하는 수준에 머무를 수는 없었다. 나의 모든 감정을 한 결 한 결 적절한 뉘앙스까지 곁들어 '푸른 산에 흐르는 맑은 물'과 같이 전부 다 표현해내는 경지는 아직도 까마득하지만, 적어도 나 스스로 열등감을 앞세워 제자리 걸음을 변명하고 싶진 않았다. 그래서 결심한 것은 '그냥 하자'였다. 너무 간단해서 이게 무슨 거창하게 결심씩이나…… 싶을 수도 있지만 정말 '그냥 했다'. 잘하는 것처럼 보이려고 노력하거나 완성된 문장만 내뱉어야 한다는 강박을 버리고 그냥 한국말을 하듯 하기 시작했다. 한국사람들끼리 한국말로 대화할 때도 말이 막힐 때는 '아, 그 단어가 뭐였지. 갑자기 생각이 안나' 라든지, '이렇게 표현하는 게 정확한 건지는 모르겠지만' 같은 말들을 자연스럽게 섞어하는 것처럼 영어로 얘기를 하다가 단어가 떠오르지 않을 때는 상대방과 스피드게임을 하듯 그 단어를 묘사하고, 표현방법에 대한 확신이 없을 때는 유치원생도 알아들을 수 있는 쉬운 문장으로 내가 표현하고 싶은 의도를 상대방이 느낄 때까지 설명하려고 해본다.

배움에는 '왕도'가 없다고 한다. '왕도'는 없지만 지름길은 확실히 있다. 그건 바로 영어만 할 수 있는 사람과 연애하는 것(물론 비언어적인 교감만 하는 관계는 예외다). 그 어떤 관계보다 다채로운 희노애락의 감정을 듣게 되고 표현하게 되는 아니, 반드시 해야만 하는 상황들이 끊임없이 일어나기 때문이다. 하지만 영어를 위해 연애를 할 수는 없는 노릇이니 그 다음으로 좋은 것은 친한 친구를 만드는 것이라 할 수 있겠다. 친구가 10명, 20명 있다 해도 피상적이고 의례적인 안부만 오가는 관계에서는 언어적인 발전을 기대하기는 어려웠다. 별 의미없는 시시껄렁한 농담도 '굳이' 할 수 있는 관계, 때론 감정적인 이야기도 '괜히' 털어놓고 싶은 관계가 필요하다. 나에게는 그런 친구가 두어 명 정도 있다. 그 중 한 명은 직장에서 만난 동료 M이다. 처음에는 낯을 가리다보니 일에 관련된 대화만 주고받았지만 은근히 유머코드가 비슷하다는 사실을 우연한 계기로 알게 된 우리는 쉬는 시간과 점심 시간을 함께하며 대화의 영역을 차츰 넓혀가게 되었다. 그러다 어느날 내가 한 말을 알아듣지 못하고 M이 다시 물었다.

"쏘리?"

나는 다시 정성들여 천천히 말했다.

"듀.얼.모.니.터."

"미, 미안한데 뭐라고?"

그는 매우 혼란스러운 표정으로 다시 물었다. 나는 '이 쉬운 단어가 지금 통하지 않는다고?' 믿을 수 없어하며 최대한 천천히 다시 발음해보려 입을 뗐으나 끝내 할 수 없었다. 갑자기 웃음이 터졌기 때문이었다. 그가 알아듣지 못하는 이유는 묻지 않아도 알 수 있었다. 내가 한국식 외래어 표기에 충실한 발음으로 말했기 때문이었다. 중학교 1학년 필수 어휘에 나올 법한 단어를 나는 20년이 넘는 세월동안 잘못된 발음으로 알고 있었던 것이다. 갑자기 허리를 접으며 끅끅대며 웃는 나를 얼마간 지켜 보더니 영문도 모르면서 M은 따라 웃기 시작했다. 그렇게 한 참을 웃다가 겨우 숨을 돌리고 눈가의 눈물을 찍어내며 그에게 말했다. 내가 앞으로 잘못 발음하는 게 있으면 고쳐달라고, 그리고 네가 말하는 것을 내가 못 알아들을 때는 귀찮겠지만 부디 잘 설명해달라고. 그가 알려준 'Dual'의 제대로 된 발음은 '듀얼'이 아니라 놀랍게도 '두우어'에 가까웠다. 그 날 이후 그런 상황에 생길 때마다 주머니에 들고 다니는 수첩을 꺼내 M이 발음을 고쳐준 단어들과 내가 알아듣지 못한 단어들을 기록하기 시작했다. 그리고 나는 쉬는 시간마다 그 수첩을 꺼내 M에게 다시 읽어보이며 점수(10점 만점 기준)를 매겨달라고 조른다. 그는 점수를 주는 대신, 웃음을 터뜨렸고(점수를 줄 수 없을 만큼 형편없다는 뜻으로) 그리고 아주 가끔 엄지를 들어보였다.

내 영어는 왜 여전히 제자리 걸음일까? 그 답은 누구보다 내가 잘 알고 있다. 불을 끄고도 일정한 굵기의 떡을 썰수 있을 만큼, 아니 그러니까 불을 끄고 잠을 자다가도 영어로 잠꼬대를 할 만큼 학습에 정진하고, 영어의 현장에서 사람들과의 활발한 교류에 힘쓸 에너지와 시간을 '나는 왜 영어를 못하는가'에 대한 이유와 변명을 찾는데 이렇게나 정성들여 쓰고 있으니까……. 이제 원인도 찾았고, 적당히 고찰도 해보았으니 이제 '진짜' 영어공부를 좀 할 때가 온 것 같다는 생각을 했다. 그리고 제대로 공부를 한다는 것은 특정한 학습방식이 아니라 마음 상태에 대한 이야기이다. '듀얼 모니터'가 사실은 '두우어 모니터'라는 발견을 한 것처럼 매일 새로운 '두우어 모니터'를 하나씩 하나씩 수첩에 채워나가다보면 언젠가는 나도 'sick'한 영어를 구사할 수 있는 날이 올지도 모르지 않겠냐는 그런 느긋한 마음 말이다.

알아두면 '은근' 쓸데있는 신박한 팁

알쓸신TIP

#12 노래 실력을 키우기 위해서 녹음을 해서 들어보는 과정이 필요하다. 어떤 노래든 처음에 한 녹음은 여전히 끝까지 들을 수 없다. 손발이 오글거리는 수준을 넘어 당장 사라지고 싶을 것이다. 하지만 정말로 한 단계 더 나아가고 싶다면 아니, 최소한 내 귀에라도 그럭저럭 괜찮게 들리는 수준으로 발돋움하고 싶다면, 부르고 듣고 들어보는 인고의 과정이 반드시 필요하다고 믿는다. 영어도 같은 방법이 통한다. 유독 한국 사람들이 영어로 말할 때 (한국말을 쓸 때는 전혀 없는) 영어습관이 있는 사람들을 종종 본다. 이를 테면, 'like', 'so', 'the', 'you know' 같은 말들을 심하게 자주 쓰는 것이다. 그들의 공통점은 (1)영어를 잘하는 사람처럼 보이고 싶어한다. (2)영어로 말할 때 중간에 오디오가 비는 것을 두려워한다. (3)말하는 속도와 유창함이 비례관계에 있다고 생각한다. 한마디로 그들에게선 모종의 긴장감과 강박이 느껴진다. 내가 이렇게 잘 아는 이유는······. 나도 그랬기 때문이었다. 내가 좋지 못한 습관이 있다는 것을 깨달은 건 '녹음'과 '다시 듣기'의 괴로움을 견딘 후였다. 아직도 물론 'ing(현재진행)'중이긴 하지만 마음을 달리 먹기로 결심한 후 영어에 대한 강박이 많이 사라졌다. 도움이 되었던 영어에 대한 나의 마인드셋을 공유해본다.

(해서 손해볼 것 없는 영어에 대한 마인드셋)
- 영어를 잘하는 것처럼 보이려고 애쓸수록 실제로는 더욱 오글거리는 영어를 하게 된다. 이 사실을 명심하고 '잘하는 것처럼 보이기 위한' 노력을 그만둬야 한다.
- 문법적 오류와 틀린 단어를 피할 수 없다해도 내 의도를 상대방에게 전달하겠다는 의지를 표현하자.
- 말의 속도와 유창함은 큰 관계가 없다. 말 사이에 공백이 좀 있다고 해서 상대방이 나를 '영어 멍청이'라고 생각할 리는 없다.

그 때 그 시절 '라떼'에 갇힌 사람들

외교부의 재외동포 현황에 관한 자료에 따르면 한국인 거주 4위 국가(미국, 중국, 일본에 이어) 캐나다에는 한인이 25만명 정도 된다고 한다. 수 년 전 통계이니 지금 더 늘었을지도 모르겠다. 특히 토론토나 밴쿠버에 한국인이 많다는 것은 알고 있었지만 실제로 한인타운을 처음으로 마주한 순간 충격과 놀라움에 나는 할 말을 잃었다. 토론토에 먼저 생겼다는 크리스티역의 (구)한인타운과 비교적 새로 생겼다는 핀치역의 (신)한인타운 중에서 내가 처음 본 것은 후자였다. 근처에 일이 있어 지하철을 타고 핀치역에 내렸다. 지상으로 올라온 그 순간을 나는 지금도 생생하게 기억한다. 킹스크로스 역 9와 ¾ 승강장을 통과하고 기차를 탄 해리가 처음 호그와트를 마주했을 때 이런 기분이었을까? 나는 지하철이 아닌 타임

머신을 타고 40년 전 한국으로 돌아온 것 같았다. 태권도장, 속셈학원, 탁구연습장, 주산학원…… 원색의 큼지막한 궁서체, 고딕체, 명조체로 쓰여진 간판들은 어렸을 때 뉴스에서 보던 7, 80년 대의 자료화면의 그것들을 그대로 재현시켜 놓은 것 같았다. 빈티지 컨셉으로 인테리어한 파주나 연남동의 핫플레이스에서 소품으로 마주칠 것 같은 간판들에서 시선을 떼지 못한 채 나는 그 곳들이 아직 영업을 하고 있는 걸까 궁금해졌다.

캐나다에 와서 어학연수를 하며 보내는 시기 동안 한인타운 보기를 돌같이 했었다. 현지문화와 영어에 하루라도 빨리 적응해야 한다는 강박감에 잠시라도 더 영어를 하는 환경과, 현지인들 사이에 섞여 있어야 한다고 믿었던 때였다. 각국에서 학생들이 모인 어학학원은 마치 작은 지구촌같았다. 2015년 내가 다닌 작은 지구촌에서 K팝, K드라마 외에도 폭발적인 인기를 끄는 것이 또 하나가 있었는데 바로 K푸드였다. 내가 한국인이라는 것을 알게된 아이들은 영어수업만 끝나면 점심을 같이 먹으러 가자며 내 소매를 잡아당겼다. 처음에 한 번은 거절을 못하고 그들이 이끄는 데로 따라갔다. 그날 나의 활약(?)으로 음식 주문부터 젓가락, 가위, 집게 등을 쓰는 법, 고기를 굽는 법, 쌈을 싸는 법까지……. 완벽한 코리안 바베큐를 경험하기 위해서 한국 사람을 데려가면 매우 유용하다는 것을 깨달은 그들은 하루가 멀다하고 '코리안 바베큐'를 외치며 내 소매를 잡아 끌었다. 하지만 나는 더이상 한국식당에서 삼겹살을 구우며 시간을 낭비할 수 없었다. 지금 생각하면 한국식당에서 밥 한 끼 덜 먹는다고 영어실력이 갑자기 일취월장할 것도 아니었는데 그게 무슨 대수였을까 싶지만 그 땐 그랬다. 나는 이미 서른이 코 앞이니까 남들보다 이미 한참이나 늦었으니까. '나이는 숫자일 뿐이다, 도전에 늦은 나이란 없다', 따위의 훌륭한 명언들도 이팔청춘 낭랑십팔세들에게 둘러싸여 영어를 배우던 학원이 생활의 전부였던 그 때의 나에게 그다지 큰 영향력을 끼치지 못했다.

영어실력과 코리안 바베큐의 상관관계는 속눈썹이 빠졌다고 소원을 빌어야 한다는 그것만큼이나 필연성이 없었으나 그 당시의 심각한 강박으로 한인타운이 있는 북쪽 방향으로는 고개조차 돌리지 않았던 나는 컬리지에 입학하고 나서 불가항력으로 인해 거의 매일 한인식당에 가게 되었다. 저항 할 수 없는 힘이란 한식에 대한 그리움이 아니라 바로 돈이었다. 식사를 하러가는 것이 아니라 돈을 벌기 위해서 나는 학교가 끝나면 한국 식당으로 달려가 앞치마를 두르고 서빙을 했다. 국제 학생의 등록금은 캐나다 영주권자와 시민권자가 내는 그것의 3배가 넘었다. 먹을 것 입을 것에 아무리 아껴도 한국에서 들고온 통장의 잔고가 손바닥 위의 모래처럼 빠져나갔다. 푼돈이라도 벌어야 겠다는 생각에 구인 사이트에서 파트타임 일을 찾기 시작했다. 처음에 한인 식당은 전부 제외했다. 조금이라도 영어를 더 익힐 수 있는 환경에서 일을 하고 싶었다. 이메일로 이력서를 뿌리고 정성들여 쓴 자기 소개서와 함께 구직

문의를 넣었으나 단 한군데에서도 회신이 오지 않았고, 결국 프린트한 이력서를 들고 카페와 식당을 직접 찾아갔다. 보름 가까이 지나도 별다른 성과가 없어 한껏 풀이 죽을 무렵, 마침내 한 곳에서 연락이 왔고 나는 가슴이 터질 것 같은 긴장감과 설렘으로 인터뷰를 보러갔다. 캐나다에서의 내 인생 첫 면접이었다. 학교 바로 앞에 있는 로컬펍이었는데 무슨 얘기를 했는지 하나도 기억나지 않을만큼 긴장했었다. 기억하나마나 횡설수설이었을 텐데 내일부터 나오라며 가게 사장이 손을 내미는 게 아닌가. 얼떨결에 '땡큐'하며 손을 잡아 흔들고는 가게를 나왔다. 나와서 다시 학교로 걸어가다 나는 수퍼 마리오처럼 수직 점프를 했다. 한국이 아닌 다른 나라에서 난생 처음 내 힘으로 돈을 벌게 되다니! 학교 수업 따라가기도 힘든 수준의 외국인인 나를 과연 써줄까 싶어 자신감이 바닥이었는데 내일부터 나오라는 말을 듣자 마치 꿈을 꾸는 것처럼 기뻤다 (아마도 갑자기 그만 둔 직원 때문에 당장 일손이 매우 급했던 모양이다). 적성검사, 1차 2차 면접에 신체검사까지 거친 후 S전자 최종합격을 확인 한 순간에도 이 정도로 기쁘진 않았던 것 같다. 하지만 결론부터 말하자면 그 꿈같던 기쁨은 3일 천하로 끝났다. 수직점프를 하며 기쁨으로 날아올랐던 그 날로부터 정확히 3일 후에 잘렸다(3일간 돈을 받지 않고 트레이닝을 받으며 일을 했으니 사실 잘렸다기보다, 채용이 취소된 것이 더 맞는 표현이겠지만). 아무리 열심히 연습해도 내가 따른 생맥주는 맥주가 2할, 거품이 8할이었기 때문이었다. 음식 서빙보다 생맥주를 따르고 칵테일을 만드는 바텐더 일이 주였던 펍이었기에 영어도 완벽하지 않고 심지어 생맥주까지 형편없이 따르는 나를 그들이 계속 써줄 리 없었다. 유일하게 연락온 로컬 레스토랑이 그 곳밖에 없었으니 별 수 없었다. 의기소침한 기분으로 한국식당에 가서 면접을 봤고 다음 날 부터 일을 시작했다. 그 곳이 내가 처음 경험한 캐나다의 한인 사회였다.

캐나다에 국한되지 않겠지만 이민 한인 사회의 악명은 어디에서나 뜨거운 이슈다. 한국사람이 해외에서 가장 조심해야 하는 것은 한국사람이라는 말이 있다. 의지할 곳 없는 신출내기 이민자들을 대상으로 접근해서 등쳐먹는 사기꾼이나 영어를 잘 못하는 한국 사람들이 선택지가 많이 없는 것을 이용하여 최저임금을 보장해주지 않는 악덕 사장들은 전부 한국 사람이라는 것이다. 내가 직접 겪은 것은 없지만 해외 커뮤니티 사이트에서 항상 '뜨거운 감자'가 되어 여전히 갑론을박의 장이 펼쳐지는 민감한 주제다. 한인 사회는 고인물이고 고인물은 썩으니 같이 썩기 싫으면 피하라며 욕하는 사람들, 그리고 자신은 이민 생활 18년 동안 좋은 한국 사람들만 만났다며 '똥파리는 똥에 붙는 것처럼' 네가 '똥'이라서 그런 인연만 만난 것이라며 욕하는 사람들을 되려 욕하는 사람들······.

사실 내 경우는 한국 사람들을 등쳐먹는 한인 사회에 대한 경멸 때문에 코리안 바베큐를 멀리하고, 한국 식당에서 일하는 것을 기피했던 것이 아니었다. 단순히 캐나다 현지 사회에 속해 영어만 쓰며 경제활동을 하는 것에 대한 일종의 로망(?)이 있었기 때문이었다. 그러나 한 해 두 해 지나면서 캐나다에서 만나게 되는 한국 사람들에 대한 경험들이 쌓이다보니 내 속에 나도 모르게 선입견이 생기고 있었다. 한국 사회의 성향이 단절적이지 않은 다양한 스펙트럼이라면 해외 교포들의 한인 사회는 상대적으로 양극화된 느낌이라고 한다면 편견일까? 모두가 같은 이민생활의 경험을 가지고 있는 것은 아니겠지만 적어도 내 경험에 의하면 캐나다에서 만난 한국 사람들은 '모' 아니면 '도'의 극단적인 경우였다. 자신이 속한 시공간과 함께 흘러가는 사람들, 그리고 그렇지 못한 사람들. 시대를 이해하고 캐나다의 문화를 받아들인 사람들이 전자에 해당된다. 후자의 경우 몸은 21세기 캐나다에 존재하지만 그들의 정신은 마치 한인 타운의 간판들처럼 수십 년 전에 떠나온 한국에서 벗어나지 못하고 여전히 머물러 있는 것 같았다. 그들의 공통점은 영어에 대한 욕심이 전혀 없다는 점이다. 보지 않고 들으려하지 않으니 변해가는 세상을 따라갈 수도, 이해할 수도 없는 게 당연하다. 나는 두 부류 모두 경험해봤지만 후자의 경우가 조금 더 강한 기억으로 남아있다. 원래 인간은 부정적인 경험을 더 잘 기억하는 동물이 아닌가. 그들은 내 '등을 쳐먹진' 않았지만 대신 '내 속을 뒤집어' 놓았다. 파트타임 일을 구하러 면접을 보러 간 자리에서 과하다 싶을만큼 일과 관계없는 개인적인 질문들을 하는가 싶더니, 종국에는 '과년한 여자가 한국에서 얌전히 남편 뒷바라지하고 부모 효도

나 하지 뭣하러 캐나다에 와서 이런 고생을 사서 하느냐'는 악담까지 듣게 됐다. 조선시대 배경의 사극 드라마에서나 들을 법한 말을 듣고 충격에 한동안 정신이 멍했다. 20년 전에 이민왔다는 삼촌뻘 되는 그 사장은 캐나다에서 십 수년 간 자신의 식당을 운영해왔지만, 오전 근무 직원이 퇴근을 했는데 오후 근무 직원이 지각이라도 하면 그 사이에 혹시 손님이 들어올까 벌벌 떨며 서터를 내렸다. 그가 할 수 있는 말은 '핼로', '땡큐', '쏘리' 정도가 전부였기 때문이다. 사실 영어를 못해서 여전히 과거에 머물러 있다기보다 애시당초 새로운 것을 배우고 받아들이려는 노력을 하지 않는 성격과 태도가 20년이란 세월동안 캐나다에 살면서도 영어가 두려워 장사를 포기해야 하는 상황을 만든 것이다. 그런데 문제는 그 결과라는 것이 세상과 단절시키기에 다시 원인을 고착시키는 악순환의 반복을 야기한다. 그래서 '한국 꼰대'보다 무서운 것이 '이민 꼰대'다. 5년 만에 방문한 한국에서도 여전히 불편한 말들을 듣긴 해도 '참, 요즘 그런 말 하면 젊은 사람들이 싫어한다더구만'하면서 겸연쩍게 덧붙이는 수준까지는 발전한 광경에 놀랍고 기뻤다.

나도 한국에서 나고 자란 99.9% 뼛 속까지 한국 사람인데 이만리 타국에서 만나는 한국사람들이 어찌 반갑고 소중하지 않을까. 하지만 '묻지도 따지지도 않고' 정말 피하고 싶은 부류가 있다. 오래 전에 이민 온 사람들만 모여있는 한인단체에서만 지내는 사람들이다. 그런 사람들을 마주칠 때마다, 자칫 나도 그런 꼰대의 길을 걷게 될지도 모른다는 생각때문에 덜컥 두려워진다. 2015년에 머무른 고인물이 되어 썩지 않기 위해서 최대한 귀를 넓게 열고 눈을 크게 뜨려 애쓰고 있다.

살다보니, 지나고 보면 참 별 것 아닌데 그 때는 왜 그렇게까지 목숨 걸었을까 싶은 것들이 많다. 마트 식육점 코너에 갈 때마다 지금은 연락이 끊긴 어학원 시절의 학원 동기들의 얼굴이 삼겹살 위에 오버랩되어 미안한 마음이 든다. 어차피 '영어적 자유'(경제적 자유처럼, 영어가 나의 욕망을 해소하고 기회를 잡는데 발목잡지 않는 경지)를 향한 길은 여전히 멀고 먼데 이럴거면 그때 그 친구들을 위해 삼겹살이나 좀 더 기꺼이 뒤집어 줄 걸 그랬다.

알아두면 '은근' 쓸데있는 신박한 팁
알쓸신TIP

#13 처음에 '고인물'들의 공격을 받을 때는 나도 날을 세워 받아치며 열을 올렸다.
'지금 2022년인데 1980년대에나 들었을 법한 말씀을 하시네요.'라든지, '그런 차별적인 발언은 웬만하면 아끼시는 게 좋을 것 같은데요.'라든지…….
눈 밑을 파르르 떨며 반항심에 가득 차 그들과 감정적으로 싸우려 들었다.
하지만 이제 그런 에너지를 쓰지 않는다. 어차피 그래봤자, '어이쿠 저런, 내가 큰 실수를 했네. 미안하네' 따위의 결과는 기대할 수 없다. 그들 자신이 믿고 있는 신념이나 가치관이 마치 고막 위의 굳은 살처럼 박혀 외부의 소리는 안으로 들어가지 않는 것 같았다. 날 세워봤자 더더욱 '환장스러운' 반응이 돌아올 공산이 크니 그저 정중하게 끝을 맺고 더이상 엮이지 않는 것이 상책이다. 내가 쓰는 방법은 다음과 같다.
"부탁드리지 않았지만 제 걱정을 이렇게 해주시니 몸둘바를 모르겠네요. 신경써 주신 충고 잘 들었습니다. 감사드립니다."
어차피 의견이 받아들여진 것으로 그들은 목적 달성을 이룬 것이니 더이상 잔소리를 덧붙일 이유가 사라진다. 하지만 요청되지 않은 선을 넘은 오지랖이란 점과, 잘 들었으나 실행에 옮기는 것과는 다른 문제라는 것을 드러내는 것을 통해 나의 소기의 목적도 달성한다(그들이 알아듣고 말고는 2차적인 문제다). 어디서 젊은 것이 어른한테 꼬박꼬박 말 대꾸냐는 2차 폭격이 날아올 수 있으니 최대한 친절한 미소를 띄우며 말하는 것이 포인트다.

무작정 퇴사, 그리고 캐나다

무작정 퇴사, 그리고 캐나다

3장

오, 필승 코리아!

캐나다엔 인종차별이 없다?

인종차별이 없는 나라가 과연 있을까? 아, 딱 한 곳이 떠오른다.

천국······.

어디서 듣길 그 나라엔 차별도 혐오도 없다고 하던데······. 이민을 갈 수 없는 나라이기에 고려 대상은 아니었다.

'그 나라'를 제외한 전 세계 모든 곳에서 크든 작든 인종차별은 일어나고 있다. 캐나다? 인종차별 심각성이 다른 영미권보다 낮은 편이라는 말을 많이 들었다. 하지만 캐나다의 명성이 무색할 정도로 수년 동안 다양한 인종차별을 경험했다. 내가 겪은 것이 다른 북미나 유럽 국가보다 덜한 것인지 모르지만 한국에서만 살다 온 나로서는 캐나다의 인종차별도 충분히 두려웠다.

학교 다닐 때였다. 그 어학원 시절 어린 친구한테 사교성, 사회성에 대한 심각한 충고를 들었던 만큼 내가 참 붙임성이 참 없긴 했다. 잘 모르는 사람에게 먼저 다가가서 '안녕하세요?'라고 말을 건네는 것도 힘들었다. 게다가 외국생활이니 얼마나 더 쉽지 않겠나. 그래도 용기를 많이 냈었다. 일단 학교 생활을 하긴 해야 하니까(팀 과제도 있고, 조별 발표도 있고, 강의 노트도 필요하고, 시험도 있고……). 그렇지 않아도 짧은 영어인데, 학교 친구들의 도움 없이 학교 생활을 원만하게 해낼 자신이 없었다.

최초의 목적이야 불순하다고 해도 어쨌거나 나도 친구를 만들고 싶었다. 그래서 화장실이나 복도에서 마주치면 없는 사교성을 있는 대로 쥐어짜며 꼭 내가 먼저 말을 걸었다. 그렇게나 '작업'에 공을 들였음에도 불구하고 어느 날 보니 나만 쏙 빼고 네 명의 여자아이들이 이미 '팸(family)'을 결성했더라. 네 명 모두 백인이었고, 나만 아시안이었다. 그냥 그들이 죽이 잘 맞았던 거고, 나는 아닌 건데 괜히 '인종차별'까지는 오버인 거 아닐까? 물론 그럴 수도 있다. 나도 그들이 아시안이라는 이유만으로 날 따돌렸다고 생각하지 않는다. 그저 내가 다른 인종이고 같은 문화 속에서 살아온 그들보다 나에게 더 높은 벽이 느껴졌을 것이다. 친구를 사귈 수 있는 훨씬 편한 쪽이 있는데 굳이 그 벽을 허무는 수고를 들이고 싶지 않았을 것이다. 그것을 이해못하진 않았기에 불쾌하다기 보단 좀 의기소침해졌다. 창피한 일이지만 그 일 이후로 용기를 내어 친구를 사귀겠다는 의지와 열정은 억지로 잡아 늘렸던 고무줄처럼 다시 오그라들었다.

가장 어처구니없고 가장 자주 경험하는 심각한 형태의 인종차별은 거리에서 예고 없이 마주친다. 정신이 온전치 않은 길거리의 노숙자들(마약 중독자일 확률이 매우 큰)이다. 특히 코로나 사태가 터지고 나서는 거의 한 동안 집 밖을 나가지 못했다. 길을 걷다가 뭔가 싸하다 싶은 순간 어김없이.

"뻐킹 차이니즈, 고백 투 유얼 뻐킹 컨츄리!!!"

라며 그렇게 고래고래 소리를 질러댄다. 불쾌한 표정으로 째려보기라도 하면 눈을 까뒤집으며 당장이라도 달려들 것만 같이 주먹을, 그리고 가운뎃손가락을 하늘 높이 들어 보인다. 감히 아시안 따위가 자기한테 그런 눈빛을 보낸 것이 참을 수 없다는 듯이.

그들은 정신적으로 아픈 사람들이었다. 정상적인 사고를 하는 사람이 아니라는 것을 알기에 기분이 나쁘기보다는 돌발 행동으로 해코지를 당할까 두려운 마음이 더 컸다. 그리고 불쾌하기보다 이제는 좀 한탄스럽다. 그들의 무의식 속에 박혀 있는 인종차별이 멀쩡하고 친절한 일반 사람들을 향한 내 눈에도 색안경을 씌운다. 교육과 이성으로 친절을 입었으나 저들도 인종차별적인 혐오가 그 속 어딘가에 있는 것은 아닐까? 아직 드러나지 않았을 뿐인 것은 아닐까?

노숙자들의 공격적이고 폭력적인 그것보다 더 큰 마음의 상처를 준 인종차별 사건은 따로 있다. 내가 다닌 회사는 백인이 8,90퍼센트 정도 차지한다. 하루는 흥미로운 행사가 일정에 있는 것을 알게 되어 매니저를 찾아가 팀에 포함시켜 달라며 부탁을 했다. 그 일에 참석할 만큼의 능력은 있다는 자신이 있었기에 매니저가 딱히 거절할 이유는 없다고 생각했다. 그러나 내 부탁에 매니저의 동공이 크게 흔들렸다. 매우 곤란해하면서 입을 뗀 그는 "이미 팀이 꾸려졌다"고 했다. 이유를 물었다. 내 눈치를 심하게 살피며 동공을 겨우 제자리로 돌려놓은 매니저가 힘겹게 다시 입을 뗐다. 그 행사를 의뢰한 클라이언트가 백인들에게 더 큰 신뢰를 가진다는 의견을 표했다는 것이었다. (더 구체적으로 '외모 깔끔한 백인 남성'이라고 지목했다며) 일 특성상 현장에서의 실수가 치명적이기 때문에 '현장에서 사고를 덜 칠 것 같은 신뢰 있는 이미지'가 중요하지 않겠냐며 나에게 말도 안 되는 동의까지 구하면서 말이다. 그러면서 매니저는 덧붙였다. 고객의 강력한 요구 사항이라 어쩔 수 없었다고. 그건 명백한 인종차별이라고 따지고 싶었지만 그러지 못했다.

부당함에 제대로 응대하지 못하고 수동적인 반응으로 당사자가 이 상황의 심각성을 깨닫지 못하게 한 나도 이 인종차별 사건의 일부 공범이 되는 걸까.

사실 학교보다 일을 하면서 더 많이 느낀다. 똑같은 기술을 가졌어도 상대적으로 어려 보이고 왜소하고 또 여자이기까지 한 나는 백인 남성들보다 선택받지 못하고 있다는 느낌이 분명 있다. 사실 단순 인종차별이라기보다 성차별, 외모에 대한 선입견, 고정관념, 그 모든 것이 '짬뽕'되어 분명히 불공정한 대우를 받고 있는 기분이 드는데 확실한데 물증이 없으니 대놓고 꼬치꼬치 따질 수도 없는, 마치 상한 오징어를 씹고 있는 불쾌하고 찝찝한 느낌이랄까.

사실 이 모든 부당함은 극복가능하다. 1.5배 정도의 더 큰 사교성을 가지고, 2배 정도 더 똑 부러지게 일하며, 2.5배 정도 더 훌륭한 인성으로 자신의 스탯(stat)을 업그레이드하면 된다. 나이, 인종, 성별 무관하게 그들도 다 사람이기 때문이고, 아이템이 무엇이건 결국 인생이란 게임에서 이길 수 있는 팀플을 원할 테니 말이다. 다만, 백인들은 한 판만 깨도 메달을 획득하는데 아시안들은 두 판, 세 판 연달아 깨고 거기다 현질까지 더 보태야 같은 메달을 획득할 수 있다는 억울함이 있다.

이민자로서, 아시안으로서, 자국이 아닌 타국에서 산다는 건, 언제 어디서나 인종차별의 위험에 노출되어 있다는 사실을 마음속에 항상 염두하고 살아야 한다. 그 말로만 듣던 인종차별의 실체를 맞닥뜨렸을 때의 충격도 이제 점점 코로나처럼 생활의 일부가 되는 것 같다. 결코 없어지지도 없앨 수 없는, 함께 살아가야 하는 것.

나는 오늘도 외출할 때 자동 반사적으로 마스크를 챙기듯, 마음의 방패를 함께 챙기고 나선다.

알아두면 '은근' 쓸데있는 신박한 팁
알쓸신TIP

#14 솔직히 인종차별을 받지 않을 수 있는 팁이나 노하우는 딱히 없다. 그런 일을 당했을 때 내 마음가짐이 더 중요하다는 생각이 점점 더 든다. 친절하되 자신감있는 태도로 사람들을 대하다보면 상대방이 나를 무시하고 혐오를 한다해도 그 사람의 잘못으로 돌리는 것이 훨씬 쉬워진다. 사실 인종차별을 당했을 때 마음이 힘들고 괴로운 가장 큰 이유는 '영어를 못해서 나를 무시하는 구나', 혹은 '내가 키도, 덩치도 작은 아시안이라서 우습게 생각하는 구나' 따위의 생각들로 결국 원인을 나에게서 찾기 때문이었다. 우스갯 소리로 해외에서 동양인 여자로 살아남기 위해서는 '백인 남자 존(John)에 빙의'하라는 말이 있다. 인종차별에 대한 두려움을 극복하기 위해 스스로를 우월계층에 대입하는 것이다. 역인종차별인 발상이긴 하지만 확실히 효과가 있다. 꼭 존이나 제임스가 될 필요는 없지만 자신감과 마음의 여유는 해외 생활에서 정말 정말 중요한 것은 사실이다.

캐나다 정부와 대화할 땐 맥주가 필요해

나만 이렇게 괴로워하는 걸까? 다들 잘만 사는데? 하루는 너무 답답한 마음에 인터넷에 검색을 해봤다. '캐나다 속도', '캐나다 느림', 그리고 '캐나다 속 터짐' 등의 키워드로. 캐나다를 경험한 다른 사람들은 어떻게 생각하는지 궁금했다. 역시나……. '빨리빨리'문화에 익숙한 많은 한국사람들이 비슷한 괴로움을 호소하고 있었다. 각종 포털 사이트에 올라온 캐나다에 사는 한국 사람들의 '답답해 죽겠다'는 울분을 확인하며 그래, 나만 그런건 아니구나 조금 위안을 느꼈다.

서비스는 너무 느리고, 사람들은 태평하다. 인터넷 설치를 하려면 짧으면 일주일 길게는 한 달까지 기다려야 하고, 물론 응급 정도에 따라 차이는 분명 있겠으나 응급실에서의 대기는 기본 4시간이다. 고객 센터로 문의를 하면 답변을 받는데만 5~10일이 걸릴 것이라고 일러준다. 그 외에도 무수히 많은 것들이 있지만 그 중에서도 가장 내 속을 터지게 만든 최악의 경험은 첫번째가 캐나다 정부였고, 두 번째도 캐나다 정부였다.

캐나다에서 2년제 대학을 마치고 취업 비자를 신청했다. 이민국 정부 사이트에 필요한 서류를 모두 넣고 비자받을 날만 학수고대하며 하루에 2번씩 우편함을 확인했다, 예상 대기 일보다 훨씬 지나고 난 후에야 드디어 우편물을 받았다. 큰 기대를 안고 우편물을 열었는데 3년이어야 마땅할 비자가 1년짜리로 발급된 것이었다. 처음에는 내 눈을 의심했다. 거꾸로보고 뒤집어봐도 3년이 아닌 1년이라고 적혀있었다. 3년짜리 취업비자를 위해 굳이 비싼 국제학생 등록금을 2년이나 내면서 학교를 다녔는데! 분명한 이민국 측의 실수였다. 2년제 학교를 어느 성적 이상으로 졸업만 하면 3년짜리 비자가 나온다는 것은 정부 웹사이트에 버젓이 공시하고 있는 내용이었고 같이 수업을 들었던 같은 과의 국제학생 동기들도 3년 비자를 문제없이 받았다는 소식을 들었다. 정부씩이나 되는 곳에서 이런 말도 안 되는 실수를 하다니, 차오르는 짜증을 애써 누르며 전화를 걸었다. 예상 대기 시간이 2시간 이상 걸릴 거라는 안내 메시지가 나온다. 그럼 그렇지, 2시간 이상이라는 뜻은 넉넉히 3시간은 기다려야 한다는 뜻이다. 마음을 비우고 냉장고 안에서

캔맥주와 간식을 챙겨와 앉았다. 통화대기음악이 영 취향이 아니어서 통화를 기다리면서 듣고 있기가 괴로웠으나 상담사와 연결되는 순간을 놓칠 수는 없어 스피커폰 음량을 최대한 줄여놓는 것으로 타협했다.

마지막 맥주를 비우려는 찰나 드디어 직원과 전화 연결이 됐다. 기다리는 시간 동안 열심히 준비한 자초지종을 논리적으로 설명했다. '나는 2년제 대학 졸업 성적 요건을 충족했고 그에 해당하는 증빙서류는 신청 서류에 모두 첨부되어있다. 너희의 공식 사이트에서 확인한 바에 따르면 내 경우는 분명 1년이 아닌 3년짜리 비자가 나와야 한다. 비자 기간을 다시 정정해서 발부해달라.' 3시간의 기다림에 보상을 받는 순간이었다. 이 정도면 아무리 악명 높은 저들이라 해도 빠져나갈 곳이 없다. 그들도 자기들의 실수임을 인정하고 바로 정정 약속을 할 것이다. 그러면 언제까지 제대로 된 비자를 받을 수 있는지 따져 묻고 해당 대화를 증빙할 수 있는 확정 아이디나 상담사의 이름이나 참고 번호 등을 요구한 다음 흡족한 마음으로 전화를 끊을 요량이었다. 하지만 전화기 너머에서 전해진 대답은 예상과 전혀 달라서 당황스러웠다.

"너의 의견을 잘 알겠으니 그것에 대해 노트를 남겨놓겠다."

응? 뭐라고? 노트? 잠깐 노트만 남긴다고? 그 노트는 누가 보고 해결해줄 것이며, 언제 해결이 되는 건데? 그나저나 너는 왜 해결을 못해주는데? 너도 이민국 직원 아니니? 아니, 누가 하든 상관은 없는데 잘못 발급된 비자가 정정되긴 하는 건 맞지?!!! 억울함과 다급함이 섞인 질문들이 몰아쳤다. 아무리 생각해도 말도 안되는 상황이었다. 그러거나 말거나 그의 답변은 시종일관,

"아무것도 장담할 수 없다. 일단 기다려라."

속이 터지는 걸로 모자라 꼴깍 뒤로 넘어갈 것만 같았다. 비자 발급에 문제가 있는 것이 확실한데 합리적인 이유를 알려주지도 않고 무작정 기다리라니, 그리고 보장해 줄 수 없다니, 이 무슨 궤변인가. 30분을 더 실랑이를 벌여도 아무 진전이 없어 알겠다고 하고 일단 통화는 종료하기로 했다. 그리고 휴대폰으로 알람을 맞췄다.

시각 : 오전 7시 57분
주기: 매일

캐나다 이민국이 서비스를 시작하는 시각 오전 8시에 맞춰 매일 전화를 할 생각이었다. 그리고 정말 매일 전화를 했다. 서비스를 여는 시각에 맞춰 전화하니 3시간이던 대기 시간이 1시간 미만으로 훨씬 짧아졌다. 하지만 그들의 대답은 다르지 않았다. 나도 오기가 생겼다. 그렇게 열흘쯤 하루도 빠지지 않고 계속 전화를 걸었다. 밥을 먹으면서도 하고, 지하철을 타면서도 하고 은행일을 보면서도 하는 여유가 생겼다. 매일 다른 에이전트와 대화를 하다 보니 어떤 날은 전 날보다 진도가 못 나갔고, 어떤 날은 꽤나 진도가 나가는 듯했다. 그러나 결국 전화를 끊기 전까지 그들이 하는 말은

한결같이 그냥 기다리라는 것. 밀당하는 것도 아니고……. 하지만 나는 마냥 기다리기만 할 수 없었고 같은 말을 반복하더라도 계속 전화를 걸었다. 그렇게 한 달이 지났을까? 결국 나는 3년짜리 비자를 손에 쥐었다.

두번째 속터지는 일화도 상대는 캐나다 정부. 매년 꼬박 세금 보고를 잘해오고 있는데 갑자기 캐나다 국세청에서 '세금보고를 하지 않은 죄목'으로 벌금 2600달러를 내라는 고지가 온 것이다. 너무 당황스러웠다. 일단 정신을 차린 후 회계사를 통해 '해당 고지서가 부당하며 이러한 이유로 철회를 부탁한다'는 진정서를 제출했다. 한 달쯤 뒤 우편으로 답장을 받았다.

'해당 안건이 접수되었고 6개월 정도 기다려라.'

6개월이라고? 그것도 해결해 준다는 것이 아니라 그 문제에 대한 국세청의 답변을 받는데 6개월을 기다리라는 것이었다. 맙소사, 어이가 없어 이제 실소가 날 지경이었다. 명백히 잘못 발부된 세금고지서에 적힌대로 세금을 일단 납부하고 6개월을 기다리라니……. 별 수 없었다. 6개월을 기다렸다. 하지만 6개월을 훌쩍 넘기고도 아무 답변이 없었다. 비자 문제로 매일 전화를 걸었던 것처럼 수십번의 끈질긴 통화를 통해 1년여 만에 억울하게 낸 벌금을 돌려받을 수 있었다 (끝까지 자신들의 실수로 인해 불편함을 줬다는 사과 한마디 없이, 그리고 당연하게도 1년 치에 대한 이자는 한 푼도 없었다).

이 정도는 사실 내가 운이 많이 없었던 경우지만 캐나다의 일상 자체가 기다림과 속 터짐의 연속임은 사실이다. 공공기관뿐 아니라, 서비스 업체들의 고객 응대도 바로바로 되는 일이 잘 없다. 이런 지경이다 보니 캐나다 사회에서는 '귀찮으니 그냥 손해보고 마는 쪽'을 택하는 사람들이 많다. 애초에 여유가 많아 여유롭다기보다 그렇지 않으면 화병이 나서 죽을 것 같으니 마음의 평화와 정신 건강을 위해서라도 여유를 가지지 않으면 안되겠구나 싶었다.

한국의 서비스처럼 빛의 속도일 필요도 없다. 무릎까지 꿇는 과도한 귀빈 대접을 바라는 것도 아니다. 다만, 실수가 확실하다면 인정하고 대략 어떻게 언제쯤 해결이 될 것이라고 설명 정도는 제발 해줬으면 좋겠다.

끝없는 기다림의 연속을 수년 간 경험하고 나서 이제 한국의 속도와 서비스를 기준 삼아 캐나다의 이런 태평 문화에 울분을 터뜨리는 것을 그만두었다. 속도는 상대적이라 어떤 것을 기준으로 삼느냐에 따라 천국도 되고 지옥도 될 테니 말이다. 애초의 '빨리빨리의 민족' 한국의 속도를 기준 삼았던 내가 문제였다. 짜증과 분노를 내려두고 그 대신 전화를 걸기 전에 맥주 한 잔과 간식을 준비할 수 있는 여유로 이 느긋함을 즐겨보기로 마음먹는다. 그나저나 대기시간이 이렇게나 길다면 최소한 대기 음악을 듣지 않을 수 있는 옵션이라도 제공해주면 얼마나 좋을까. 그것도 아니면 최소한 장르별로 대기음악을 선택할 수 있게 해주든가……

알아두면 '은근' 쓸데있는 신박한 팁

알쓸신TIP

#15 고객 센터, 혹은 캐나다 정부(CRA,IRCC)같은 공기관에 전화할 일이 있을 때는 마음을 비우고 넉넉잡아 1~2시간은 걸린다고 생각하는 것이 정신건강에 좋다. 정말 운이 좋은 경우 금방 해결되기도 하지만 일단 진짜 사람과 연결되기까지의 대기시간이 너무 너무 길다. 사실 대기시간을 줄일 수 있는 가장 좋은 방법은 그들의 업무 시간을 인터넷으로 확인한 다음, 다음 날 업무가 시작되는 시각에 맞춰 전화 연결을 시도하는 것. 대기시간을 현저히 단축시킬 수 있을 뿐 아니라 이미 100명의 고객을 상대하고 지칠대로 지친 상담사와 대화하는 것보다 조금은 더 친절하고 상세한 상담을 기대해볼 수 있다. 그리고 상담사마다 말이 다른 경우가 많으니(심지어 정부기관조차도) 어떤 문제를 해결했다면 나중에 딴 말을 들을 경우를 대비해 전화를 끊기전에 대화내용에 관한 Confirmation 이메일을 보내달라고 요청하거나 안된다고 하면 상담사의 Reference number라도 물어서 기록해두자. 크게 도움이 됐던 적은 없었지만 혹시나 모를 경우를 대비하는 차원에서, 그리고 마음의 평화를 위해 나쁠 건 없다.

무작정 퇴사, 그리고 캐나다

햄버거 하나 '사딸라'라면서요?!

처음 캐나다에 도착하고 다음 날 필요한 물건들을 사러 마트에 갔다. 이것저것 주워 담으니 생각보다 바구니가 묵직했다. 머릿속으로 대충 암산하며 물건을 담았고 90달러 정도 나오겠거니 예상하며 계산대로 향했다. 지갑에는 현금 100달러가 있었다. 그런데 모니터에 찍힌 가격은,

$119.25?!

당황스러운 마음을 최대한 가라앉히며 모니터에 찍힌 항목과 숫자들을 잠시 확인해도 되겠냐며 계산원에게 양해를 구했다.

무작정 퇴사, 그리고 캐나다

아, 세금!

캐나다는 물건값에 세금을 포함시켜 놓지 않아서 나중에 계산할 때 추가된다는 정보를 어디선가 본 게 그제야 기억났다. 캐나다에 이제 막 도착한 나는 신용카드는커녕 데빗카드(debitcard, 체크카드)조차 없었다. 결국 주머니의 동전까지 다 털었지만 그러고 나서도 사치품(감자칩과 아이스크림 따위)으로 담았던 물건들 중에서 몇 개는 덜어내야 했다.

주마다 세금을 매기는 방법과 비율이 모두 다르고, 같은 주정부 안에서도 물건에 따라 생필품으로 분류된 것들과 사치품으로 분류된 것들, 탄산음료, 디지털 세금 등 여러 가지의 세금이 다르게 적용되어 결국 내 주머니에서 얼마가 지출될 것인지 영수증에 찍히고 나서야 정확히 알게 된다. 온타리오 주 기준으로 일반적으로 13%의 판매세가 붙는다. 10%도 아니고 20%도 아닌(그렇다고 20%이길 바라는 것은 아니지만) 계산하기도 어려운 13%의 세금을 일일이 고려해야 하니 여간 복잡하고 귀찮은 게 아니다. '이 정도 세금쯤이야~' 하고 넘길 수 있는 형편이면 말할 것도 없겠지만 수입이 전혀 없는 백수였기에 모든 소비에 세금을 고려하지 않을 수 없는 상황이었다. 도대체 왜 그냥 세금을 다 포함시켜 물건값을 매겨 놓으면 안 되는 걸까? 한국에서 살 때는 몰랐다. 부가가치세가 물건값에 이미 포함된 한국에서의 소비 생활이 얼마나 편리했는지.

세금뿐이 아니다. 팁 문화가 있는 캐나다의 외식은 그렇지 않아도 높은 물가에 허리를 한 번 더 휘청이게 만든다. 음식값에 세금을 더한 총금액에서 또 한 번 팁을 얹어줘야 하는데 그러다 보니 처음 메뉴판에서 본 음식값이 무색하다. 가령, 메뉴판에 적혀있는 더블 치즈버거와 감자튀김 세트가 19.99달러라고 하자. 거기에 세금 15%가 더해지면 23달러. 거기에 다시 팁을 20% 준다고 치면 27.60달러. 음식 가격이 19.99달러여도 10달러짜리 지폐 두 장으로 살 수가 없다. 확실히 한국에서보다 외식을 훨씬 덜 하게 되는 이유 중 하나가 팁 문화였다. 한국에 없던 문화라 생소한 팁이 '아깝게' 느껴지는 궁색한 이유도 이유겠지만 계산을 할 때 서버가 옆에서 기다리고 있는 그 순간이 오묘하게 불편했다. 보통 계산대를 지키시는 사장님(?)께 계산을 하는 한국과 다르게 이곳에서는 테이블을 담당한 서버가 휴대용 카드 단말기를 들고 테이블로 온다. 서버들은 단지 그들의 할 일을 하는 것일 뿐이겠지만 내가 할 수 있는 최선의 숫자를 찍어 넣어도 친절했던 그들에게 왠지 모를 미안함이 밀려드는 건 어쩔 수가 없다.

내가 팁 문화에 대한 불편한 감정을 가지게 된 또 하나의 계기가 있다. 학교를 다니면서 용돈 벌이를 위해 몇 개월 간 식당에서 서버로 아르바이트를 했었다. 그 식당 주인은 단골손님이 멀리서 걸어오는 모습을 보면 그들이 문을 열고 들어오기 직전에 나지막한 목소리로 미리 귀띔을 해주곤 했었다.

"저 사람은 아무리 잘해줘도 팁을 10퍼센트밖에 안 주니까 적당히 알아서."

혹은

"저 사람은 팁을 30퍼센트나 주니까 더 신경쓰는 거 알지?"

그때는 내가 팁을 받는 입장이었음에도 불구하고 팁 문화가 만들어낸 차별 대우가 불쾌하게 느껴졌다. 팁을 받지 않고 서버들에게 시급을 더 올려주면 서로 눈치 볼 일 없이 더 편한 식사가 되지 않을까 하는 생각이 들었다.

한국 살 때는 몰랐는데 오랜만에 찾은 한국은 모든 소비활동이 너무 편하게 느껴졌다. 세금 계산을 하지 않아도 되니 머리가 편하고, 팁 고민을 하지 않아도 되니 마음이 편했다. 19,900원이라고 적혀있는 탕수육을 시켜 맛있게 먹고 난 후 2만원을 내면 100원을 돌려받다니. 보이는 가격 딱 그 숫자만큼만 내면 된다. 서버의 눈치를 볼 필요도, 내 주머니 속 사정이 과연 세금과 팁까지 커버해 줄 수 있는지 머리 아프게 암산을 할 필요도 없다. 19,900원짜리를 '진짜' 19,900원에 먹을 수 있는 한국의 탕수육은 엄청난 할인을 받은 느낌이 든다. 원래 22,900원짜리를 할인받아 19,900원에 사는 것처럼, 돈을 쓰면서도 마치 횡재한 것 같은 기분이 든다. 덕분에 한국 방문 때마다 내 몸이 5킬로그램씩 불어나는 심각한 부작용이 있지만.

나에겐 아직 캐나다에서의 외식이나 소비 생활이 한국만큼 편하게 느껴지지 않는다. 하지만 로마에 왔으면 로마법에 따라야 하는 법이니까 다소 불편한 문화 또한 받아들이는 것이 내 발로 로마를 찾아온 내 몫이 아닌가 싶어 체념하는 중이다. 그래도 덕분에 암산 속도가 제법 빨라진 것은 세금과 팁문화의 순기능이다.

알아두면 '은근' 쓸데있는 신박한 팁
알쓸신TIP

#16 '인생에서 절대 피할 수 없는 두가지, 죽음과 세금'이란 말이 있다. 세금은 죽음만큼 피할 수 없지만 팁은 조금 다르다. 팁을 주는 의미는 보통 식당에서 식사를 하거나 음료를 마실 때 서버에 의해 서비스를 받는 것에 대한 예의를 차리는 것인데 간혹 테이크 아웃을 하거나 단순히 물건(대부분 주류 관련)을 살 때도 카드 단말기에 팁이 기본으로 설정되어 있는 경우가 있다. 무조건 'ok'버튼을 눌러 결제하기 전에 단말기를 잘 확인하자. 어느 상황이든 팁에 관해서는 본인이 만족한만큼 내는 것이지만 적어도 내가 팁을 내고 있는지 그리고 얼마나 내고 있는지는 알고 내는 것이 좋으니까.

마트 경품 추첨 1등을 하려면

캐나다 회사 휴게실의 냉장고는 직원들의 점심 도시락을 넣어 두는 용도 이 외에도 중요한 용도가 있다. 바로 구인공고 같은 고지사항을 붙이는 게시판이었다. 심지어 공식 문서도 아니고 포스트잇에 'OOO 자리에 직원 1명 구함' 따위를 대충 적어 붙여놓는다. 그래서 '냉장고 채용'이라는 말이 있다. 스마트 폰으로 쉽게 작성하여 링크트인이나 페이스북에 휘리릭 올리면 되는 요즘같은 디지털 시대에는 많이 감소했겠지만 말이다. 매우 옛날 이야기 같지만 나름 젊은(?) 밀레니얼 세대인 나도 그 문화를 몸소 체험했다.

한국에서는 중소기업부터 대기업까지 정기적으로 매해 신입사원을 대거 등용하는 정규 채용의 기회가 많았다. 나도 2011년 상반기 정규 채용을 통해 첫 직장을 구한 '11사번'이었다. 그러나 캐나다는 정기적인 정규 채용 같은 기업 문화가 훨씬 적은 편이다. 대신 대학교의 코업 프로그램을 통해 졸업과 동시에 구직을 하거나 채용 공고가 나지 않아도 회사 인사과에 직접 연락을 취하는 '맨 땅에 헤딩'하는 방식으로 취업들을 많이 한다. 그리고 또 하나의 방법이 바로 냉장고 채용 즉, '인맥'이다. 공신력 있는 통계 자료 따위는 없지만 체감상 매우 높은 비중을 차지하는 것이 인맥이라고 믿는 이유는 다수의 경험에서 비롯되었다.

현장에서 일하며 새로운 얼굴들을 종종 본다. 그들에게 다가가 인사를 나누고 소개를 하는데 옆에 있던 동료가 대화에 불쑥 끼어든다.

"히 이즈 마이 네퓨"

조금 과하게 표현한다면 삼촌이 '조카를 갖다 꽂은' 상황이었다. 나름 '테크'라는 단어도 들어가는 특정 기술을 요하는 직무였는데도 아무 관련 배경이 없는 그의 '조카'는 '삼촌빽'으로 당당하게 구직에 성공한 것이다. 또 다른 경우도 있었다. 일을 시작한지 얼마 안된 막내사원이 어느 날 영업팀 매니저가 되어 내게 인사를 했다. 알고 보니 영업팀 디렉터의 아들이었다. 또 하루는 평소에도 친화력이 좋은 동료 한 명이 나에게 아내를 소개했다. 며칠 전부터 우리 회사 마케터로 일하게 되었다며. 그리고 놀랍게도 자기의 인맥으로 아내까지 취직이 되었다며 어깨를 으쓱하는 것도 잊지 않았다. 이쯤 되니 잘 쓴 이력서와 자기소개서 100장보다 든든한 인맥

한 명이 더 중요하게 느껴진다. 참 신기한 점은 한국이라면 '낙하산 인력'이다 뭐다 해서 쉬쉬하는 분위기일 텐데 이곳은 그다지 창피해하지도 않고, 애써 숨기려 하지도 않는다는 점이다.

취직과 관련된 일뿐 아니라 다른 일상적인 일에도 인맥은 역시 중요하다. 'XX마트 경품 추첨 1등이 한국행 항공권인데 2번까지 중복 참여가 가능하다더라', 혹은 'XX교회 장로님 사위가 자동차 보험을 하는데 교회에서 만난 사람들에게는 예외적인 할인 혜택을 제공한다더라'와 같은 고급 정보일수록 직접적인 인맥을 통해 흐르고 뻗어 나간다. 한국에서는 꼭 사람을 만나지 않아도 몇 번의 인증 절차를 밟아 인터넷 포털 사이트 지역 맘 카페에 가입하기만 하면 각종 할인 정보 및 쿠폰, 맛집 리뷰, 제품 추천, 그리고 구인구직까지 클릭 몇 번으로 어렵지 않게 정보를 얻을 수 있었다. IT 강국인 한국만큼 이곳은 인터넷 커뮤니티가 발달하지 않아 정보를 얻으려면 사람들이 많은 곳에 직접 가는 것이 최고다. 오죽하면 정보를 얻으려거든 '동네 교회에 나가라', 그리고 '회사 연말 파티는 빠지지 말라'하는 말이 있다.

외골수에 집순이었던 나는 혈연, 지연, 학연을 따지는 한국의 인맥 사회가 때때로 벅차게 느껴졌다. 무슨 '연'이든 사회활동을 해야 유지가 되고 연결이 되는데 그게 참 힘들었다. 꼭 그것 때문은 아니지만 낯선 땅으로 거주 환경을 옮기면서 조금은 숨통이 트이리라 기대했다. 그런데 시간이 가면 갈수록 캐나다에서의 인맥의 중요성은 한국보다 더하면 더했지 결코 덜 하지 않음을 뼈저리게 느낀다.

왜 그런 걸까? 낙하산 채용에 대한 인식이 관대하다는 점, 인터넷 맘 카페 등을 통한 간접적인 정보 습득이 어렵다는 점, 그리고 드넓은 대륙 사이즈와 낮은 인구 밀도 때문에 '스쳐 지나가는' 사람들에게서 우연히 듣게 되는 정보를 기대할 수 없다는 점. 그러니까 인구밀도가 높은 한국은 아무리 거리를 두려 해도 쉽지 않은데 비해 이곳은 마음만 먹으면 충분히 사회와 거리를 두고 스스로 고립되기가 어렵지 않다는 점 등이 이유가 되는 걸까? 그러고 보니 스스로를 고립시키는 사람이 바로 나였다. 인맥 따위 필요없다며 혼자 고고한 백조인 척 해봐야 종국에는 고고하게 굶어 죽을 수도 있겠구나 싶었다. 산속에 들어가 득도할 것이 아니라면 어느 사회이건 인맥과 정보는 필수적인 것임을 경험으로 배운다. 아니, 산에 들어간다 할 지라도 '어느 산이 득도에 제격'인지 물어볼 인맥이 있다면 더 좋지 않을까?

경품 추첨 1등 한국행 항공권까지는 바라지도 않는다. 사회적 동물인 사람으로서 그 사회에 속해 살아가는데 인맥 없이도 잘 살 수 있다는 생각은 크나큰 기만이었음을 절실히 깨닫는다. 다른 사람들이 가진 유용한 정보들을 얻고, 내 정보도 누군가에게 도움이 된다면 기꺼이 나눌 용기를 내야 할 때라는 생각이 든다. 그러니 제발 이런 분석은 이제 그만 하고, 제발 좀 밖으로······.

알아두면 '은근' 쓸데있는 신박한 팁

알쓸신TIP

#17 내가 다닌 컬리지에서 교수님들이 강의시간 마다 입에 달고 있었던 말이 있다. '네가 무엇을 알고 있느냐'보다 '네가 누구를 알고 있느냐'가 더 중요한 것을 잊지말라며 인맥의 중요성을 거듭 강조했다. 이런 인맥사회를 적극 활용하는 방법은 'Who knows?'의 정신을 갖는 것이다. 그러니까 만약 구직을 하고 있다면 혹은 이직을 원한다면 만나는 사람들에게 '구직 자랑'을 하자. '저 사람이 나에게 무슨 도움이 되겠어'라고 생각하지 말고 '누가 또 알아?'라고 생각하고 '나는 지금 이런 이런 일을 찾고 있어'라고 말하고 다니는 것을 적극 추천한다. 당신을 좋게 본 사람이라면 의외로 생각지도 못한 경로를 통해 도움을 줄 수도 있다. Who knows?!

겸손과 과묵은 가난만 연장시킬 뿐

겸손과 과묵이 최고의 미덕인 줄 알았다. 알아도 나서지 않았고, 할 얘기가 있어도 꿀꺽꿀꺽 삼켜가며 오른손이 잘한 일을 왼손조차 모르게……. 그렇게 묵묵히 일하면 언젠가는 알아주는 날이 올 거라고 배웠고, 그렇게 30년을 넘게 살았다.

그런데 이 곳의 직장 내 생태계에서는 내가 최고인 줄 알고 지켜 온 규칙들이 오히려 독이 되어 나를 약자로 만들었다. 한국도 스타트업계나 젊은 기업들은 많이 변했을 거라 생각하지만 애석하게도 나는 그런 진보된 기업문화에 대한 경험이 전혀 없다. 내가 한국에서 유일하게 다닌 회사에서는 신입에게 연봉 협상이란 있을 수 없는 일이었다. 인사과가 주는 계약서에 얌전히 사인을 했고, 그다음

해에도, 그 다음다음 해에도 크게 다를 바가 없었다. 그저 이전보다 조금 더 커진 숫자를 확인하고 '주는 대로 그저 감사히 받겠습니다'라는 마음으로 사인을 했을 뿐, 협상은 드라마에서나 나오는 말이었다. 물론, 경력직 입사자의 경우 충분히 다를 수 있고, 또 그 해의 고과에 따라서 개인마다 달라지지만 고과 별 차이도 내규에 따라 이미 정해져 있기에 언제나 연봉 협상은 거의 침묵 속에서 이뤄졌다. 사실 '협상'이 아닌 '계약 연장'의 자리였다. 인사과가 일괄 출력해 온 계약서에 이의를 제기하고 수정하여 다시 출력을 하게 만드는 것은 마치 회사를 상대로 싸움을 거는 것과 다를 바가 없었다.

캐나다에서 정규직으로 일한 지 1년쯤 지났을까? 하늘이 노래질 만큼 분노가 폭발한 사건이 있었다. 하루는 현장에서 일을 하며 쉬는 시간에 동료 B와 이런저런 이야기를 하다 회사 험담(?)까지 이르게 되었다. 그러다 돈에 대한 이야기까지 나오게 됐고 B는 불만이 가득한 말투로 말했다.

"이렇게 빡세게 굴리면서 시간당 XX달러라는 게 말이 안 돼. 다른 직장을 찾든 지 해야지, 원!"

???

순간 나는 온몸이 굳고, 한 동안 '일시정지' 상태에서 벗어날 수 없었다. 잠깐, XX달러라고?! B는 나보다 딱 일주일 먼저 입사한,

한국으로 치면 기수까지 똑같은 '입사동기'나 마찬가지였다. 나와 여러모로 아니, 성별만 빼면 거의 모든 이력이 비슷했다. 둘 다 해당 업군에 대한 이력은 이 회사가 처음이었고, 동갑에 외국인이라는 점까지 같았다. 아니, 기왕 이렇게 된 거 겸손은 집어치우고 솔직하자면 내가 그보다 훨씬 유리한 조건이 많았다. 같은 직군은 아니지만 나는 한국에서 정규직으로 4년 간 일한 경력이 있었고, B는 일한 경력이 전무했다. 뿐만 아니라 나는 해당 직군에 연관 있는 캐나다 전문대학교 졸업장을 가지고 있었고 B는 그 조차도 없었다. 그런데 그 친구가 불만을 가지는 시급은 내 시급의 무려 40% 이상 높은 금액이었다. 쉽게 계산을 해보면, 한 달에 내가 버는 돈이 100만 원이라고 치면 그는 140만 원을 웃도는 돈을 받고 있는 셈이었다. 이런 민감한 주제를 가지고 내 모든 속내를 드러낼 수는 없었다. 더욱이 자존심이 용납하지 않았다. 충격적이었다. 도저히 표정관리가 되지 않아 눈을 질끈 감아야 했다. 눈을 감아도 미세먼지 외출 금지령이 떨어진 날처럼 노란 하늘이 눈앞에서 빙글빙글 돌았다. 그때 깨달았다.

가만히 있었던 내가 바보였다는 것을. B는 매사에 당당하고 실속을 챙길 줄 아는 사람이었다. 내가 2차 면접까지 통과했다는 기쁨에 '땡큐 땡큐'만을 외치며 침묵의 서명을 할 동안 그는 자신이 원하는 바를 요구하며 당당하게 임금 협상을 했던 것이다. 입사 계약서에 사인을 할 때를 떠올리자 갑자기 문득 생각났다. 2차 면접관이 합격을 발표하며 알려준 임금이 1차 면접관이 제시했던 금액보다 현저히 낮았다. 뭔가 꺼림칙했지만 원래 그런 건가 보다 하고 면접관이 합격을 축하한다며 내민 손을 맞잡고 힘차게 악수를 했다. 지금 생각해보면 정말이지 '멍청한 땡큐'였다. B와의 대화로 노란 하늘을 경험한 나는 그날 저녁 매니저와 미팅 약속을 잡았고, 일주일 뒤 둥근 탁자를 중간에 두고 매니저 2명을 마주했다. 그들이 입사 면접을 봤던 1차, 2차 면접관들이었다. 미팅 날짜가 잡히고 나는 내 속에 담아뒀던 모든 할 말들을 다 하겠다는 다짐으로 미팅을 준비했다. 그런데 정작 그 당시에는 무슨 말들을 어떻게 쏟아냈는지 기억도 나지 않는다. 1차와 2차 면접 사이에 숫자를 은근슬쩍 까내리고, 선심을 쓰는 듯한 합격 결정을 통해 임금에 대한 말을 꺼낼 수 없는 분위기를 노린 게 분명했다. 그들에게 화가 났고, 무엇보다 아무것도 모른 채 1년이 넘는 기간 동안 단 하루의 병가도 쓰지 않고 말 못 하는 소처럼 그저 열심히 일만 했던 나 자신이 너무 한심하게 느껴져 제정신이 아니었다.

그래서 결과는? 내가 원했던 만큼은 아니지만 성과가 없진 않았다. 적어도 내가 바보가 아니란 것을 알렸다는 데 큰 의의가 있었다고 생각한다. 내가 충격을 받은 이유는, 단순히 B가 나보다 더 많이 받아서가 아니었다. 그와 나는 가지고 있는 기술이 똑같았고, 그래서 하는 일과 맡은 책임의 무게가 같았다. 그렇게 높은 보수(나의 보수에 비해서)를 충분히 제공할 수 있었음에도 내 임금은 후려쳤던 그들의 말을 순진하게 믿어 왔던 나 스스로가 한심하게 느껴졌다.

가만히 있으면 '가마니'가 되고 만다는 말, 그 말이 이곳 캐나다에서는 더욱 참 진실이다. 대부분의 사람들은 알고 있으면 아는 것을 말하고, 실속을 챙겨야 할 때는 눈치 보지 않고 적극적으로 목소리를 낸다. 그 사이에서 겸손과 과묵으로 일관하는 것은,
'제 월급은 회사 돈이 남아돌아 더 이상 쓸 데가 없을 때 마지막으로 올려주셔도 됩니다.'
하고 말하는 것과 다를 바가 없다. 연차나 학력보다 자신이 가진 능력을 어필하는 기술, 출세에 대한 욕심과 야망, 그리고 근거 있는 뻔뻔함이 지위와 연봉을 만드는 가장 핵심적인 요소라는 생각이 든다. 그렇다고 해서 큰 목소리와 뻔뻔함만이 능사라는 뜻은 아니다. 능력을 어필하는데 없는 이야기를 지어낼 수는 없으니까 말이다.

20년이 넘도록 같은 포지션에서 똑같은 일만 해 온 동료가 있고 입사 4년 만에 부서 디렉터가 된 20대 동료도 있다. 그 20대 동료가 아이비리그 졸업장을 가졌거나 누구나 알만한 세계적인 대기업의 경력을 가진 천재도 아니었다. 그러니까 두 명의 친구가 같은 날 맥도널드에서 아르바이트를 시작했다고 하자. 똑같이 패티를 뒤집으며 시작했지만, 어떤 이는 4년 만에 지점장이 되고, 어떤 이는

20년째 여전히 패티만 뒤집고 있을 수도 있는 것이다. 패티에 대한 남다른 열정을 가지고 '패티 뒤집기'의 달인이 되어 각종 챔피언쉽을 휩쓸며 월드 투어를 다니는 것이 꿈인 경우가 아니라면 누구나 더 빨리 승진하고 더 높은 보수를 받는 지점장이 되고 싶어 한다.

이런 기회의 땅에서 나는 여태껏 뭘 하고 살았나. 어영부영 지나온 시간들이 안타깝고 묵묵히 일만 했던 내가 한심스럽게 느껴졌다. 그러고 보니, 코로나 때문에 온 세계의 물가가 급등하고 모두의 임금이 올라간 이 시국에 나는 3년째 똑같은 시급을 받고 있었다. 우는 아이 떡 하나 더 준다는데 우는 방법을 몰랐던 나는 내 입에 들어올 떡을 다른 누군가에게 양보해온 것이다. '자기PR시대'라는 말이 나온 지가 언젠데 아직도 나는 조선시대를 살고 있었다. 절대 잊지 말자 다짐한다. 내 입에 밥을 떠 넣어주는 건 겸손과 과묵이 아니라 이유 있는 뻔뻔함과 적극적인 자세라는 걸.

알아두면 '은근' 쓸데있는 신박한 팁

알쓸신TIP

#18 한국 사람들이 참 안되는 것이 칭찬을 받았을 때 있는 그대로 받아들이는 것이다. '너 그것 참 잘 한다' 했을 때 '에이 아니에요, 그렇게 잘 하지 못해요'하며 뒤로 빠지는 대신, 자신있게 웃으면서 '땡큐!'를 외치는 연습을 해보자. 칭찬해준 상대방의 장점을 찾아 '맞칭찬'까지 덧붙였을 때 가장 좋은 결과를 냈던 것 같다. 자신감 있고 능력있는 사람이라는 인상뿐 아니라 다른 사람의 장점도 놓치지 않는 섬세한 사람이라는 좋은 인상을 남길 수 있는 기회다.

무작정 퇴사, 그리고 캐나다

내 영어를 키운 건 팔 할이 고객센터

매일 할 일을 적는 다이어리에는 오늘 해야 할 목록이 5개나 더 있는데 첫 번째의 하나를 해치우고 나니 진이 다 빠져버렸다. 벌써 저녁 6시다. 아무래도 오늘은 무리다.

첫 번째 할 일은 배달업체에 전화해 택배가 배달될 주소지를 바꾸는 것이었다. 이 단순한 일을 처리하는데 무려 4시간 반이 걸렸다.

캐나다의 좋은 공기 덕에 육체건강에 도움이 되었다가도 고객센터와 통화할 일이 생기면 정신건강에 해가 되니 이거 좋은 건지 나쁜 건지 모르겠다. 아무리 간단한 업무라도 기본 반나절은 잡아먹는다. 고객센터 사전에 융통성이란 당췌 없는 것 같다. 애초에 배달주소지를 바꿔야 하는 이유는 택배업체가 나에게 연락할 방법이 없어서였다. 그 업체는 건물 인터콤을 통해 연락을 취하는데 내가 이사 온 건물에는 버즈가 없었다. 버즈 번호가 없으니 도착하면 내 휴대폰 번호로 전화해달라는 메모를 택배기사에게서 남겨달란 요청을 위해 전화를 두 번이나 했었다. 그들의 이유는 업무 휴대폰을 소지하지 않으니 버즈 번호가 없으면 연락을 하지 못한다는 것이었다. 아니, 요즘 세상에 개인용 휴대전화는 다 있을 것 아니냐고! 업무폰이 없다고 해도 특수 상황에서는 개인용 폰으로라도 전화 좀 걸어주면 안 되는 걸까? 왔던 곳을 두 번 세 번 오고 그 무거운 매트리스를 다시 창고로 가져가는 것보다는 낫지 않을까? 아니 애초에 택배기사에게 세상에서 가장 편리한 통신수단인 업무폰을 지급하지 않는 세계 최대 배달업체의 속셈이 뭔지 이해할 수 없었다. 그래서 하는 수 없이 아는 사람에게 부탁을 하고 그 사람의 주소로 매트리스를 받기로 했다.

이 나라의 고객센터를 겪어본 나는 아침부터 스트레스를 받는다. 오전 내내 전화기만 노려보다 더 이상 미룰 수는 없어 심호흡을 하며 800(대부분의 고객센터의 시작 번호)으로 시작하는 지옥의 번호를 눌렀다. 역시나 한 번에 받는 법이 없지.
'코비드 19로 인해 통화량이 많아…….'
핑계 좋다. 코로나 전에도 대기 시간 엄청 길었다.
인공 지능 상담사가 자꾸 번호를 누르라는데 내가 원하는 서비스는 없다. 이럴 때는 어떤 번호를 눌러야 내가 원하는 업무와 가장 가까울지 고민하면 시간 낭비다. 무조건 '에이전트(Agent)' 나 '레프리젠테티브(Representative)'를 외쳐야 한다. 그래야 사람이랑 연결해준다. 그런데 이놈의 인공지능도 지능이 점점 높아지는 것 같다. 상담사가 모두 상담 중이니 기다리지 말고 오토 서비스를 받으란다. 그러거나 말거나, 사람보다 더 유창한 인공지능 상담봇에게 '에이전트'를 기계처럼 외쳤다. 수 십 분을 인공지능과 신경전을 벌이다(살다 살다 이젠 기계와도 싸워야 하다니.) 마침내 사람 상담사와 연결을 시켜주겠다는 안내를 들었다. 진작 그럴 것이지. 또 한 참을 기다리는 동안, 식사도 하고 차도 마셨다. 드디어 전화기에서 인간의 목소리가 들린다. 그러나 또 좌절······. 인도 악센트다. 영어를 잘해야 하는 직업 특성상 고객센터 상담사들 중에서 인도인이 참 많다. 그렇지 않아도 짧은 영어······. 인도 악센트를 가진 상담사와의 전투에서 이길 확률은 제로에 가깝다. 알아들을 수가 없는데 무슨 요구를 할 것이며 어떻게 설득을 할 것인가······. 그래도 끊을 수는 없으니 일단 내 상황을 설명한다. 그의 대답은 '주소를 바꿀 수 없다'였다. 이유는 택배를 보내는 쪽에서만 배달 주소 변경이 가능하다는 것. 무슨 개떡 같은 소리지? 어제 전화했을 때는 언제든지 주소를 업데이트할 수 있다고 했는데?! 그 모든 상황까지 설명했지만 들려오는 음성은 부정적인 톤이었고 자세한 내용은 역시나 알아들을 수 없었다. 이쯤 되면 포기하는 게 상책이다. 알겠다고 하고 다시 똑같은 번호로 전화를 걸어 또 한 번의 인공지능과의 피곤한 전투를 치렀다. 인공지능이 굳이 사람 상담사와 대화해야 하는 이유를 꼬치꼬치 캐묻기에 이유를 설명하니 그 인도인 상담사와 같은 이야기를 한다. 송신자만 배달 주소지를 바꿀 수 있다는 것이 원칙이라는 것이다. 그래도 일단 상담사를 바꿔 달라고 계속 요구했다. 인간의 의지는 기계의 그것보다 강했다. 마침내 두 번째 사람과 연결이 됐다. 다행히 이번에는 익숙한 악센트다. 이미 안된다는 말을 여러 번 들었기에 내심 불안에 떨며 자초지종을 설명했다. 어라? 군말 없이 바꿔준다. 내 이럴 줄 알았다. 자신들의 초과 업무를 줄이기 위해 개인 전화기를 사용해줄 융통성도 없지만 확실한 내규도 원칙도 없는 것 같다. 같은 회사 고객센터 직원이 하는 말이 다 다르다. 작은 회사도 아니고 세계에서 가장 큰 배달 업체 중 하나였다. 이런 상황이니 이 나라에서는 '안된다'는 말을 '안된다'로 곧이들으면 나만 손해다. 어느 순간부터 '안된다'는 말이 '나는 못해주겠으니 시간 많으면 다른 사람에게 또 전화 걸어보든가'로 들리기 시작했다. 계속 요구하고 시도하다 보면 원하는 것을 얻을 수 있다. 다만 그 과정은 지옥이다. 심각한 문제나 손해가 아니라면 포기하는 게 실제로 이득일 때가 많다.

과잉 친절이 요구되는 한국 고객센터의 문화가 지나친 정신노동 문제를 야기시키기도 한다지만 한국에서는 항상 친절한 고객센터 덕분에 기분 나빴던 경험이 거의 없었다.

한 두 번도 아니니 이제 좀 '그러려니' 할 수 있어야 정신 건강에 좋은 걸 알지만 아침 해를 보며 시작한 통화가 캄캄해질 때까지 계속되는데도 별 소득이 없으면 인내심이 바닥날 수밖에 없다. 내 소중한 하루……. 원칙이라곤 없는 것 같은 고객센터도 칼같이 지키는 게 있다. 전화를 끊기 전에 하는 인사가 그것이다. 4시간의 통화 전투에서 아무것도 해결하지 못하고 전화를 끊어야 하는 고객에게는 인간적으로 'Have a wonderful day'라는 인사는 좀 삼가 줬음 한다. 내년에 쓸 인내심까지 끌어 쓰며 꾸역꾸역 참고 있는데 천하태평한 그 말을 들으면 약 올리는 것 같아서 피가 거꾸로 솟는다.

아직도 턱없이 부족하지만 그래도 지금의 내 영어를 키운 건 팔할이 캐나다 고객센터다. 이 사람 저 사람 각자 하는 말이 다 다르기에 자초지종을 수 차례 반복해서 설명하다 보면 화도 나고 억울하다. 그럴 때 신기하게도 내가 알고 있었는지도 몰랐던 단어들이 머리를 거치지 않고 튀어나온다. 이렇게 좋은 면(?)만을 생각하고 분을 좀 가라앉혀야겠다. 그래도 오늘 영어가 좀 늘었을지도 몰라.

안정을 취하고자 심호흡을 하며 정신수양을 좀 해보려 하는데 미해결로 남은 다이어리의 '오늘의 To Do List'가 나를 째려본다.

망할 고객센터.

알아두면 '은근' 쓸데있는 신박한 팁
알쓸신TIP

#19 캐나다에 와서 꽤 흥미롭다고 생각한 전화 통화 문화가 있다. 고객센터와 통화를 하고 있었고 그 쪽으로 이메일을 보낼 일이 있어 내가 이메일 주소를 알려달라고 했다.
"Alex, Bravo, Camera, Diamond, Emily, at 블라블라 닷 컴"
그런데 이메일 주소가 이렇게나 길다고? 깜짝 놀라서 다시 물었는데 돌아온 대답은,
"A as in alex, B as in bravo, C as in cat, D as in diamond, E as in emily"
였다. 그 때서야 깨달았다. 이메일 주소가 Alex Bravo Camera Diamond Emily@블라블라.com이 아니라 abcde@블라블라.com이라는 것을. 한국에서도 '이름은 혜순, 해장국의 '해' 말고 '은혜'할 때 '혜'자에요'라며 헷갈릴 수 있는 단어를 모두가 알고 있는 일반명사를 대입해 알려주는 것처럼 캐나다는 누구나 알고 있는 사람 이름(또는 일반명사)으로 알려주길 좋아한다. 음질이 좋지 않은 유선통화에서 자주 쓰는 방법이니 혹시 이름이나 이메일 주소를 알려줄 일이 있을 때 바로 써먹을 수 있게 나만의 알파벳 대표 단어를 미리 생각해두면 좋다.

코로나보다 무서운 것

 코로 숨을 하나 두울 세엣 네엣, 숨을 참았다가 하나 두울, 입으로 뱉으며 하나 두울 세엣 네엣…….

 언젠가 유튜브에서 본 '극심한 스트레스 관리법'이라고 썸네일을 단 영상에서 존스홉킨스였던가, 하버드였던가 어쨌든 매우 저명해보이는 교수가 아주 유명한 호흡법이라며 알려준 게 기억났다. '이런게 정말 스트레스에 도움이 되는 걸까' 내 방법이 잘못된 건지 아니면 평소에 안하던 걸 갑자기 한다고 되는 게 아니었던지 여전히 화가 가라앉지 않고 심장은 터질 것 같다.

 한국식료품가게에서 장을 보고 있었다. 그날따라 미국에서 건너온 배추가 신선해보였다. 자주 있는 일이 아니기에 계획했던 '장보기 목록'을 살짝 변경하기로했다. 감자 포대로 향하던 몸을 돌려 배추더미로 향했다.

"삐-삐- 삐이-"

배추에 정신을 뺏긴 나머지 근처에 있던 한 백인남성을 보지 못했다. 무슨 이유에선지 그는 혼잣말을 중얼거리며 입으로 반복해서 '삐' 소리를 내고 있었다. 그러거나 말거나, 오랜만에 백김치를 담궈볼까, 배추국을 끓여볼까, 가장 깨끗해보이는 배추를 고르기 위해 온 정신을 집중하고 있는데 그 백인 남성 Mr.삐가 소리치기 시작했다. 누군가 때문에 무척 화가난 듯했다. 멀리서 들리는 그의 영어는 매우 서툴렀으나 'Fucking Chinese' 'Fucking stupid'만큼은 확실히 귀에 꽂혔다. '싸움이 났나보네', 생각했다. 인종차별이 명백한 그의 소란이 매우 거슬렸으나 시국이 시국인만큼 사람들이 많은 곳에 오래 머무르고 싶지 않았다 깨끗한 배추 두 포기를 가슴에 안고는 얼른 그 자리를 떠나려는 찰나 Mr.삐의 삿대질이 정확하게 내 얼굴을 향해 꽂혔다. 그랬다. 그의 'Fucking stupid Chinese'의 '누군가'는 바로 나였다. 처음에는 영문을 몰라 경멸로 가득찬 그의 얼굴과 정확히 나를 향한 삿대질을 그저 멍하게 바라보기만 했다. 그 순간 갑자기 상황 파악이 됐다. 배추를 향해 다가갈 때 들렸던 어디선가 들렸던 '삐삐삐'는 그가 나에게, 더이상 자기가 있는 곳으로 다가오지 말라는 신호로 입으로 낸 소리였다는 사실을 깨달았다. Mr.삐가 입으로 경고음을 내며 난리 부르스를 치는 것을 알아채지 못할 정도로 나는 분명 그와 충분한 '사회적 거리'를 두고 있었다.

확진자가 매일 최고 기록을 갱신하고 바이러스에 대한 두려움이 절정에 달았던 2020년 여름이었다. 치사율이 높지 않은 오미크론이 나타나기 전 그 때 당시 사람들은 '코로나에 걸려 죽을 수도 있다'는 공포에 떨었고, 이 곳의 아시안들은 '맞아 죽을 수 있다'는 공포에 떨었다. 뉴스에는 하루가 멀다하고 아시안들이 받은 무차별적인 '묻지마 폭력'을 보도하며 피투성이가 된 동양인들이 들것에 실려 괴로워하는 모습이나 CCTV에 찍힌 모자이크 처리된 폭력 장면 등을 내보냈다. 길거리나 마트, 공공장소에서 마주치는 사람들은 까만 머리와 노란 피부의 우리들을 벌레보듯 아니 바이러스 보듯 대했다. 마스크를 코 끝까지 올려썼지만 경멸과 혐오의 시선까진 가리진 못했다. 외출을 해야하는 일이 있을 때마다 뉴스에서 봤던 묻지마 폭력의 끔찍한 장면을 떠올리지 않으려 애쓰며 혹시나 누군가 갑자기 공격해오진 않을까 뒤통수에도 눈이 달린 심정으로 온 신경을 곤두세워야 했다. 엘리베이터 탑승 수용 인원은 2명이었으나 바이러스를 퍼뜨린 아시안에게는 허용되지 않는 숫자였다. 혐오와 적대의 시선을 온 몸으로 느끼며 하루하루 정신적인 피로가 누적되어 가고 있었다.

배추 두 포기를 다소곳이 안고 있는 내게서 바이러스를 옮을까 두려웠던 Mr.뼈는 딱 2미터 정도되는 거리에서 나를 욕하고 있었다. 우월한 존재가 자신보다 열등한 존재에게 퍼붓는 여과없는 힐난이었다. 대개의 욕들이 그렇듯 논리적이거나 창의적인 구석은 전혀 없는 'stupid'과 'Chineses'와 'fucking'과 'yellow'의 서너 가지 단어들을 다양하게 조합하여 뱉어 댈 뿐이었다. 23번 정도의 'stupid'를 듣고 8번째 쯤 그 남자와 눈이 마주쳤을 때 나는 좌반구 전두엽에서 우반구 전두엽으로 강력한 전기신호를 동반한 날카로운 섬광이 지나가는 것을 느꼈다. 그리고 그것은 2020년 초 인류에게 닥쳐온 재앙과 인종차별적 폭력에 대한 불안으로 너덜너덜해진 한 인간의 이성의 끈을 결국 끊고 말았는데 그 일을 직감한 인간이, 안고 있던 배추를 장바구니에 미리 내려 놓은 것은 매우 현명한 선택이었다. 인종차별주의자의 코뼈를 부러뜨리는 데 쓰기엔 정성들여 고른 배추가 너무 아까웠다. '바이러스를 보유한 채 사람들을 감염시키고 다니는 멍청한 옐로우'가 눈에 살기를 띠고 다가오는 것을 본 Mr.삐의 눈은 경멸과 혐오에서 혼란과 두려움으로 바뀌었다. '뭐라고? 다시 한번 지껄여봐, 이 거지같은 xx야'로 시작한 것 같은데 그 뒤로는 정확히 기억이 나지 않는다. 내 귀에 들리는 그의 목소리는 점점 작아졌고 내 목소리는 점점 커져갔다. '동양인이 싫으면 핫도그나 처먹을 것이지 왜 한인마트에 와서 삐삐거리고 있는거냐', '너 같은 인종차별주의자는 불고기와 잡채를 먹을 자격조차 없다'. 그러자 줄어들던 그의 목소리가 다시 커졌다. '나 인종차별주의자 아니거든? 내 마누라가 한국인이야?!' Mr.삐는 근처에 있던 동양 여성을 손으로 가리키며 자신만만하게 말했다. 오호라 어쩐지, 이 소란이 시작될 때부터 반경 1.5미터 정도 되는 거리에서 한 아시안 여성분이 계속 시야 안에 있었는데 동행인이라고 하기엔 거리가 너무 애매모호했다. '네 와이프가 한국인이라는 사실이 지금 니가 하고 있는 언행을 인종차별이 아닌 것으로 만들어준다고 생각한다고?, 누가 멍청한지 모르겠네. 네 와이프도 지금 너를 창피해하고 있는거 안 보이냐'. 고백하건대 나는 이성을 잃었고 선을 넘었다. 상황이 이렇게 커져가는데도 그저 오뚜기 3분카레 매운맛과 순한맛을 들었다 놨다하며 고개를 숙이고 있던 그 여성은 남편을 말리지도 않았고, 그렇다고 편을 들고 같이 싸우는 것도 아닌, 이러지도 저러지도 못하는 표정으로 상황이 어서 끝나기만을 기다리고 있는 듯 했다. 그녀의 그런 행동을 봤을 때 어쩌면 평소 가정폭력에 시달리고 있는지도 모르겠다. 어떤 이유에서건 나는 그 한국 여성을 그 남자를 비난하는 데 이용할 게 아니라 도와줬어야 했던 건 아닐까 하는 생각 때문에 죄책감이 들었다. 하지만 그때 당시 나는 왼쪽 주머니 속에 있던 호신용 볼펜을 꺼내 그 남자의 벌렁거리는 콧구멍에 꽂아주고 싶은 충동을 가까스로 억누르고 있었기에 이성적인 생각을 하기에는 무리가 있었다. 여태 참아왔던 멸시와 혐오에 대한 억울함까지 한꺼번에 폭발하는 느낌이었다. 경호경비원(보안 담당자)가 달려와 사건의 경위를 확인하고 그 남자에게 경고를 줄 때까지 나는 반대편 마트 구석에 있는 해산물코너에서 장을 보던 사람들까지 다 들릴 정도로 고래고래 소리를 질렀다. 그 쯤 되니 이제 더이상 싸움이 아니라 나 혼자

만의 발악이었다. 처음이었다. 살면서 단 한 번도 낯선사람과 시비가 붙은 적이 없었다. 노골적인 새치기를 당했을 때도, 조금 느리게 간다는 이유로 보복 운전을 당했을 때도, 담배를 물고 가던 사람이 아무렇게나 재를 터는 바람에 뜨거운 불씨가 눈에 들어갔을 때도 나는 상대방을 향해 화를 낸다거나 하는 일종의 반응을 하지 않았다. 심성이 착하거나 마음이 넓어서가 아니라 솔직히 일이 커지는 것이 귀찮았기 때문이었다. 하지만 이런 건 좀 다르다 싶었다. 동양인들에 대한 고정관념이 있다. 수학을 잘 한다. 성실하다. 수동적이다. 순종적이다. 그러니까 기분 나쁘면 마음대로 무시하고 욕을 좀 한다고 해도 대들거나 따지지 못한다는 고정관념이 지배적이었다. 겁이 나서건, 착해서건, 그저 귀찮아서건 이유야 어찌 됐건 우리는 더이상 순종적이고 착하기를 멈춰야 했다. 지렁이처럼, 밟히면 꿈틀도 하고 악도 쓰면서 우리도 똑같이 존중받아야할 살아있는 인간이라고 알려야 한다는 생각이 들었다. 나는 그날 동양인은 교양있고 우아하며 마음도 아름다운 인종이란 긍정적인 인상을 심어줄 수 있는 기회를 놓쳤다. 하지만 함부로 욕하고 무시해도 얌전히 지나가는 인종이라는 고정관념을 깨는 데 조금은 일조했을지는 모르겠다.

다행히 2년 동안 내 왼쪽 주머니에 들어있던 호신용 볼펜은 이제 책상 서랍 안에 넣어둘 수 있을 만큼 상황이 많이 나아졌다. 하지만 이 세상에는 수 많은 종류의 혐오와 증오가 여전히 존재하고,

시대가 변하면서 그 종류와 방식이 달라질 뿐 그 총량은 크게 달라지지 않는 것 같다. 지금껏 역사가 보여주었고 오늘도 뉴스는 말하고 있으니까. 코로나가 뉴노멀이 되었다고 해서, 사람들의 시선에 적의가 한 풀 꺾였다고 해서 나는 그 호신용 볼펜을 아주 버릴 수가 없다. 언젠가 또 그 호신용 볼펜을 다시 꺼내야 하는 일이 생길지도 모르기 때문이다. 언제가 될지 모르겠지만 그 때가 아주 아주 긴 시간이 흐른 뒤라면, 그래서 당분간은 주머니에 볼펜을 넣고 다니지 않아도 되는 날이 오래오래 지속되었으면 좋겠다고 생각한다.

알아두면 '은근' 쓸데있는 신박한 팁

알쓸신TIP

#20 캐나다에서 인종차별을 당했다면 혼자 속썩이지 말고 단체의 도움을 받자. 세계적으로 번진 코로나19 대유행으로 인해 촉발된 아시안을 향한 인종차별에 대응하기 위해 만들어진 단체가 있다. ACT2EndRacism 단체의 가장 큰 목표는 캐나다에 거주하고 있는 아시아인들이 부당한 인종차별을 당했을 때 적절히 대응할 수 있는 방법을 알리고, 인종차별 사건 및 혐오 범죄가 발생했을 때 신고를 받아 관련 기관에 전달하고, 관련 법안 및 정책을 발의하는 것이라고 한다. 문자전송이나 간단한 양식 제출로 신고를 할 수 있다고 하니 미리 해당 정보를 찾아보길 권한다. 때로는 존재를 알고 있는 것만으로 전투력이 상승하니까!

http://act2endracism.ca

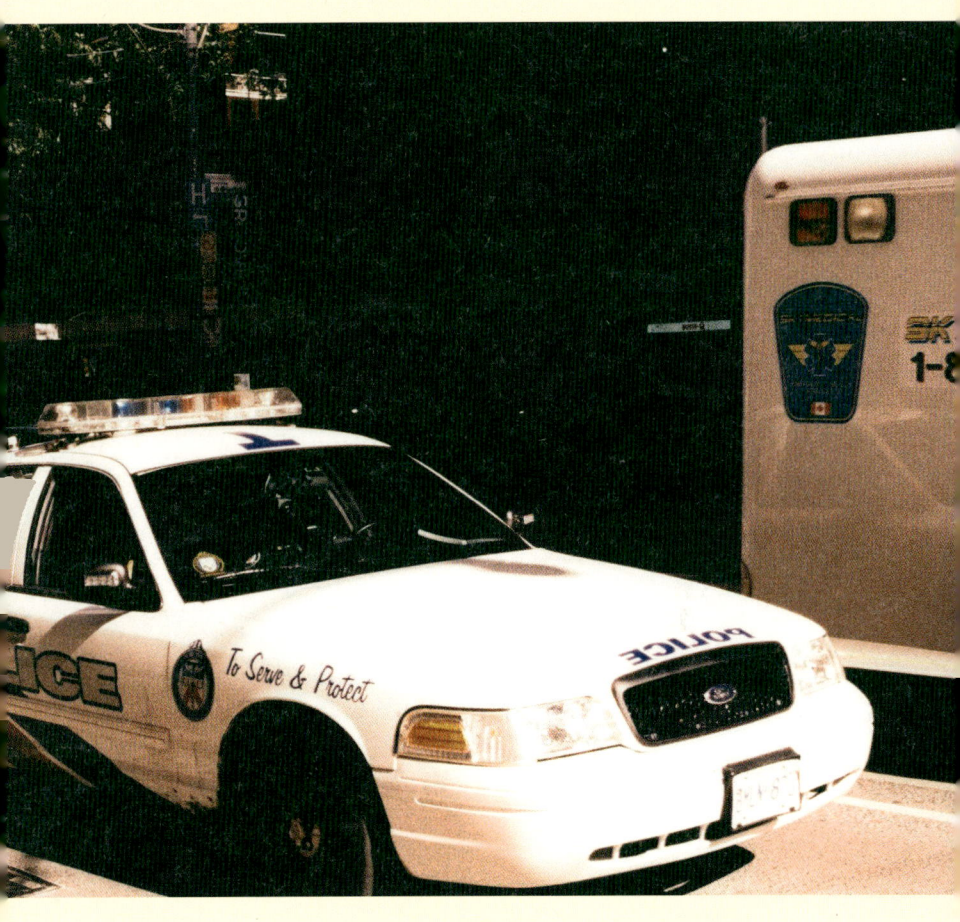

무작정 퇴사, 그리고 캐나다

감동과
질투의 순간들

혼나지 않는 아이들

일이 너무 피곤했던 퇴근길. 새벽부터 12시간 동안 화장실은 커녕 숨 한 번 제대로 쉬지도 못하고 소처럼 온 몸을 바쳐 '밭을 갈았더니' 온 몸의 근육이 절규를 한다. 버스를 탔는데 자리가 뒷좌석밖에 남아있지 않아 어쩔 수 없이 버스 뒷자석 구석에 몸을 우겨넣었다. 10분 정도 지났을까 살짝 잠이 들려는 찰나 시끄러운 소리에 눈을 떴다. 중학생정도로 보이는 아이들이 한 무더기 몰려온다. 조용하고 평화로웠던 버스 뒷자석은 그들 패거리에 순식간에 접수되고 말았다. 이래서 오후 시간대의 버스 뒷자석은 웬만하면 피하는데 오늘 완전 딱 걸렸다.

꽹과리와 징을 치고 다니는 풍물패도 이토록 요란하지는 않을 것 같다. 버스 뒷편 구석자리 한 귀퉁이씩 차지하고 혼자만의 시간을 보내던 나를 포함한 일반객(?) 3명은 낭패를 당한 표정으로 애써 각자의 먼 산을 찾는다. 패거리는 여자아이 둘, 남자아이 넷. 뽀글머리 남자아이와 뿔테안경의 남자아이 둘은 이제 막 사귄 지 100일쯤 된 커플처럼 서로 끌어안고 귓속말을 하며 깔깔대느라 분홍색 털모자를 쓴 일반객을 사정없이 구석으로 밀어부친다. 그렇지 않아도 체구가 작은 그 사람은 그들에게 짓눌려 사라져버리지나 않을 지 걱정이 될 지경이다. 발라드만 부를 것 같이 차분하게 생긴 남자아이는 버스에 타자마자 한 번도 자리에 앉은 적이 없다. 버스의 온갖 구조물을 활용하여 지치지도 않고 끊임없이 봉춤을 춘다. 아직도 꽃샘추위로 서늘한 날씨임에도 어깨를 훤히 드러낸 파격적인 옷차림을 하고 있는 여자아이는 빨간 머리에 메이크업이 장난이 아니다. 스무살이 되던 해 사촌언니가 처음으로 클럽에 데려가던 날 내게 해준 성인식용 메이크업은 그에 비해 유치원 재롱잔치 메이크업 수준이었다. 두 시간은 들여 메이크업을 한 것 같은데 뭐가 그렇지 수줍은지 시종일관 얼굴을 가리고 웃기만 한다. 그 옆에 앉은 톰보이 스타일의 여자아이는 옆 자리의 빨간머리 여자아이에게서 얻은 풍선껌을 아이들에게 동등하게 배분하느라 눈코뜰새 없이 바쁘다. 그리고 가장 먼저 버스에 올라탄 남자아이는 '쩍벌'을 한 채 아이들을 지켜볼 뿐 별 말은 없다.

일인 일스케이트보드를 가지고 탄 아이들은 버스 뒷자석을 아수

라장으로 만들었다. 바퀴가 달린 스케이트보드를 간수하기엔 할 이야기가 너무 많은 그들은 대화에 집중하느라 1분에 한 번씩 돌아가면서 스케이트보드를 놓쳤고 그들의 손을 떠난 보드는 엄청난 소음과 소란을 만들며 버스 안을 휘젓고 다녔다. 그 뿐 아니라 그들의 거침없는 수다는 나이트클럽의 소음보다 훨씬 고통스럽다. 차라리 무슨 말인지 알아들을 수 없는 클럽의 소음은 배경소리구나 하는데 이건 다른데 집중하려고 해도 너무 많은 TMI가 내 의사와 상관없이 귀에 꽂히니 괴롭기 그지없다.

스마트폰으로 기사를 읽고 있던 나는 도무지 집중이 되지않아 폰을 주머니에 넣고 눈을 감아버렸다. 눈을 감으니 나를 둘러싸고 펼쳐지는 상황들이 5.1 채널 돌비사운드를 지원하는 뮤지컬처럼 느껴진다. 시종일관 조용하던 쩍벌이가 갑자기 풍선껌과 봉춤이를 불러 비밀스럽게 귓속말을 한다. 나머지 아이들이 궁금해서 난리가 났다. 무슨 말을 했냐고 아우성치는 아이들에게 쩍벌이가 아무말도 해주지 않자 타겟을 바꿔 풍선껌과 봉춤이에게 질문공세를 퍼붓는다. 하지만 그들의 대답은 한결 같다.

"암 낫 얼라우드 텔유(I am not allowed to tell you)."

순간 초등학교 6학년 때 국어교과서에 나왔던 '우리들의 일그러진 영웅' 떠올랐다. 수평으로 보이던 아이들의 세계에 갑자기 다단계의 수직 계층이 만들어졌다. 말하는 자, 들은 자, 못 들은자, 그리고 목표물이 된 자. 그 와중에 수줍어하기만 하던 빨간머리가 '나는 무슨 말인 줄 안다'며 선언을 했고, 쩍벌이는 선심을 쓰듯 한 쪽 귀를 내어 귓속말을 허용했다. 자기가 짐작한 내용이 맞았다는 것을 알게 된 빨간머리는 뒤늦게나마 '들은 자' 무리에 합류, 계층상 승에 성공했음을 수줍게 기뻐했다. 목표물이 된 뽀글머리와 뿔테 안경은 안달이 나서 죽을 지경이다. 온갖 욕을 섞어 당장 말을 하라며 버스가 떠나가도록(이미 버스는 움직이고 있지만) 고래고래 소리를 지른다. 먹이사슬의 가장 아래에 있는 '타겟이 된 자'가 소리를 지르며 항변할 수 있으니 심각한 왕따는 아닌 건가. 그리고 10분 전만 해도 서로 풍선껌을 나눠씹으며 잘 놀던 아이들이었으니 '학교폭력'까지는 아닌 것 같았다. 캐나다 애들도 다 똑같구나 싶었다. 동서고금을 막론하고 '중학생은 유치하다'는 진리.

아이들의 다이나믹한 드라마 속에 끼어 있다보니 인식하지 못했는데 문득 참 신기하게 느껴졌다. 일반 시내버스를 수학여행 관광버스 뒷자리 같이 난장판으로 만든 이들을 나무라는 사람이 아무도 없다는 것이다. 맞은 편에 앉아있던 아저씨는 상한 오징어를 씹은 표정이긴 했지만 별다른 말 없이 팔짱을 낀 채 창밖을 바라보고 있고, 버스 앞 쪽의 사람들도 불평없이 심드렁했다. 그 누구도 시끄럽게 떠드는 아이들을 향해 뭐라고 하지 않는다. 버스에서 일어나는 일들에 관심을 가지고, 승객들의 안위를 책임져야 할 버스기사도 묵묵히 운전만 할 뿐 뒷자리 일반 승객들의 고통을 외면하고 있다. 이 나라는 아이들에게 공공장소에서 소란을 피우지 말라고 가르치는 것이 아니라, 아이들이 버스에서 무슨 소란을 피워도 절대 호통치지 말라고 어른들을 가르치기라도 하는 걸까? 어쩌면 자신들의 '유치한 소란스러움'을 감내해준 어릴 적 그때의 어른들을 떠올리며 아이들의 소란을 참아주고 있는 것인지도 모른다는 생각이 들었다.

갑자기 여전히 왁자지껄한 아이들 무리 저 너머에 한 여자아이가 혼자 앉아 있는 게 보이는 것 같았다. 반곱슬 부스스한 똑단발에 때가 타서 반질반질해진 교복을 입고 있는 20년 전의 나였다. 나의 십 대는 내 인생에서 가장 말 수가 없었던 시기다. 무슨 말을 해야 하는지 몰랐고, 눈치를 봐야했고, 그리고 어른들이 무서웠고 싫었다. 캐나다는 20년 전에도 이맘 때의 버스 뒷좌석은 아이들로 시끌벅적했을까, 그리고 아무도 혼내지 않았을까? 문득 궁금해졌다.

오후 3시 반만 되면 항상 버스 뒷자석이 학생들 패거리로 인해 시끄럽다는 것은 알았지만 이렇게 그들의 세계 한 복판에 들어와 본 적은 처음이라 생경한 경험이었다. 아이들을 보니 내가 만난 캐나다의 어른들이 어떻게 그렇게 당당한 태도로 삶에 임할 수 있는지 이해할 수 있었다.

정신을 쏙 빼놓는 뮤지컬 속에 있다보니 어느새 집 근처 정류장에 도착했다. 자리에서 일어나는데 내 왼 쪽 구석에서 뽀글머리와 뿔테안경에 의해 이리치이고 저리치이던 분홍모자도 내리려는지 가방을 챙기며 몸을 일으켰다. 그 순간 뽀글머리가 천진난만한 목소리로 분홍모자에게 해맑게 소리쳤다.

"남은 하루 잘 보내세요!"

나는 버스에서 내리며 푸하하 웃음이 터졌다. 안하무인인 줄만 알았던 아이들도 알긴 아는 거다. 본인들 때문에 분홍모자가 한 시간 내내 '찍소리'도 못하고 찌그러지고 있었다는 것을. 소란을 멈출 생각은 없지만 다소 미안하기는 했던 모양이다.

버스에 내리고 갑자기 소음에서 벗어나자 산 정상에 오른 것처럼 귀가 먹먹하다. 혹사 당한 두 귀를 손으로 만지면서 조금 웃음이 났다. 정신은 없었지만 불쾌하지는 않은 소란이었다.

그래도 역시 오후 3시 반의 버스 뒷좌석은 최대한 피하는 걸로 …….

알아두면 '은근' 쓸데있는 신박한 팁
알쓸신TIP

#21 하차벨만 누르고 문이 열리길 기다리기만 하다 내릴 정류장을 놓치고 나서야 하차문은 버스기사가 아니라 내릴 사람이 열어야 한다는 것을 알았다. 다른 지역은 모르겠지만 밴쿠버의 버스는 하차 시 손잡이를 눌러야지만 문이 열린다. 버튼처럼 생긴 것이 아니라 손잡이 전체를 밀어야 하기 때문에 'Push'라는 글자를 보고도 어디를 눌러야 할 지 몰라 당황했었다. 전혀 움직일 것 같이 생기지 않은 기다린 손잡이 전체가 움직이며 문이 열린다. 10초 정도가 지나면 아무런 경고 표시도 없이 다시 자동으로 문이 닫히기 때문에 주의를 하지 않으면 문 사이에 옷이나 가방이 끼이는 불상사가 발생할 수 있다.

무작정 퇴사, 그리고 캐나다

나는 왜 애꿎은 신발끈을 그렇게 묶어댔나

캐나다에 와서 불평불만이 한창 많아질 때였다. '좋은 나라'라고 알고 왔는데 한국보다 모든 게 너무 느리고 불편했다. 공공기관도, 다른 서비스들도 하나 같이 '세월이'를 부르고 그것도 모자라 또 '네월이'를 불렀다. 배고플 때 입맛대로 골라 시킬 수 있는 배달 음식 어플도 생기기 전이라, 필요한 물건을 아침에 주문하면 저녁 식사 전엔 도착하는 한국의 눈부셨던 택배 서비스가 그리웠다. 캐나다가 과연, 진정 살기 좋은 나라, 선진국이 맞는가에 대한 의심이 깊어지는 와중에 충격적인 경험을 하게 됐다. 살기 편한 나라인지에 대해서는 아직도 의구심이 들지만 '이런게 선진국이구나' 처음 눈 앞에서 느꼈던 그 순간이 아직도 생생하다.

컬리지에 입학하고 첫 학기가 시작되었다. 긴장 반 걱정 반 그리고 설렘도 약간 뒤섞인 정신없는 개강 첫 주가 흐르고 금요일 마지막 수업 시간이었다. 한 주의 마지막 수업은 대강당에서 전 학년 (그래봤자 1, 2학년이 전부이지만)이 같이 듣는 전체 수업이었다. 수업 내용은 한 주에 2팀 씩 준비한 퍼포먼스를 무대에서 보여주고 교수님의 피드백을 듣는 것. 첫 주라 학생들도 긴장을 한 듯 퍼포먼스는 그렇게 엄청난 인상을 주지 못했다. 공연에 대한 내용은 전혀 기억이 나지 않는 걸 보면 말이다. 첫 주라 더욱 긴장했을 발표자들에게 앉아있던 학생들은 오랫동안 뜨거운 박수를 쳐주었고 교수님은 본인이 평가를 하기 전에 학생들에게 먼저 피드백을 할 기회를 주었다. 대강당의 3백명이 넘는 학생들 속에서 가장 구석자리에 앉은 내가 눈에 띌 리가 없는데 어느새 내 몸은 의자 속으로 깊이 피고들고 있었다. 혹여나 교수님과 눈이라도 마주칠까 의자 밑으로 내려가 멀쩡한 신발끈도 다시 묶었다. 그 동안 대강당은 정적이 흐르고 아무도 발표자가 없으면 곧 수업이 마치겠거니 기대를 품으며 고개를 들었는데, 세상에나…….

나를 둘러싸고 수 백개의 팔이 하늘을 향해 뻗어있었다. 이게 가능하다고? 그 정적은 발표자가 없어서 흐른 것이 아니라 첫 발표자를 선정해야 하는 교수님의 고민의 시간이었던 것이다. 첫 번째 발표자가 얘기를 마치고, 자리에 앉기도 전에 기다리던 수 백개의 팔이 다시…… 그 수는 점점 많아졌다. 다른 학생들의 의견을 듣다

보니 갑자기 할 말이 생각난 듯 보였고, 심지어 발표를 이미 했던 학생들도 첨언할 것이 생각났는지 염치없이(?) 또 손을 들었다. 난 생처음 보는 풍경에 의자 속으로 파고들던 소심함은 까마득히 잊어버리고 이게 무슨 일인가 싶어 마치 처음 경매장에 온 구경꾼마냥 입을 벌리고 두리번거렸다.

그날 대강당 수업에 대해 말하자면, 진부한 표현이지만 '충격의 도가니' 외에 더 적절한 표현은 떠오르지 않는다. 첫번째 충격은 발표에 대한 학생들의 뜨거운 열정이었고, 두번째는 그 발표 내용들이었다. 어떤 이는 눈에 더 잘 띄기 위해서 손을 '반짝반짝' 흔들었고, 또 어떤 이는 손을 더 높이 뻗으려 엉덩이까지 들썩였다. 너무도 열정적이고 간절한 의지가 느껴져서 대단한 할 말이라도 있구나 기대를 했는데 무슨 내용인가 하고 들어보면 솔직히 '그 나물에 그 밥'이었다. 단어 몇개만 빼면 그 이전에 발표한 학생들이 한 말들과 똑같은 이야기를 하고 있었다. 이미 5명이 넘는 아이들이 똑같은 내용으로 발표를 했는데도 그 것을 또 발표하기 위해서 이렇게나 애를 쓰다니⋯⋯. 그리고 발표 후에는 하나 같이 뿌듯한 표정과 상기된 얼굴로 흡족스럽게 자리에 앉는 것이었다. 그리고 또 하나의 충격 포인트는, 그런 상황에 아무도 불평하거나 이죽대는 사람이 없다는 것이었다. 모든 발표자의 의견은 있는 그대로 받아들여졌고, 존중되었다. 주위를 둘러봐도 그 누구도 비웃거나, 야유를 하는 사람은 없었다.

한국의 대학에서도 수업 끝에 질문 있냐고 물어보시는 교수님들이 종종 있었다. 하지만 실제로 질문을 하는 학생이 있었던 수업은 대학 4년 동안 10번 안팎으로 기억한다. 그것도 특정 사람 2~3명에게서 나온 10번의 질문이었던 것 같다. 그 사람들의 질문 때문에 수업이 빨리 끝나지 않아 다들 눈살을 찌푸리며 짜증을 냈고, 하필 점심시간 이전 수업이기라도 하면 교실 분위기는 살벌해지기까지 했었다.

캐나다의 교육 수준이 OECD 국가 중 몇 등이고, 교사의 연봉이 세계 몇 위이며, 고졸 학력의 비율이 얼마나 높은지 그런 건 잘 모르겠다. 그러나 학교를 다니는 2년 내내 느낀 것이 '이 아이들은 초, 중, 고 정규 교육 과정의 긴 기간 동안 단 한 번도 의사 표현을 하는 과정에서 무시나 조롱, 혹은 비난 같은 것을 받은 적이 없구나'였다. 그만큼 자기 의견을 얘기하는 데 거침이 없었고 남들이 나를 어떻게 생각할까하는 생각보다 '내가 지금 궁금한 것'과 '하고 싶은 말'에 더 집중했다. 그들 마음 속에 들어가 보지 않았지만 내가 알 수 있는 이유는, 남의 시선을 더 신경쓰는 나라면 절대 하지 않을 말이나 발표를 아무렇지 않게 하는 모습들을 2년 동안 지켜봤기 때문이었다. 그런 아이들을 보며 내가 만약 이 곳에서 학교를 다니고 교육을 받았다면 지금의 내 모습에서 얼마나 다른 내가 되었을까, 그런 무의미한 상상을 자주 하곤 했다. 부러웠다. 부러우면 지는 거라고……. 지는 거라고 해도 어쩔 수 없었다. 학점과 상관없이 나는 캐나다 아이들에게 완패를 당한 느낌이 들었다.

매 주 쏟아지는 발표자들 덕분에 한 주의 마지막 수업인 전체 대강당 수업은 항상 제 시각을 넘겨 마쳤고, 마지막에 피드백을 주고자 했던 교수님은 매번 시간이 없어 몇 마디 하지 못하셨다. 그 대강당 수업의 3백 명이 넘는 학생들 중 2년 동안 손을 단 한 번도 들지 않은 학생은 네 댓 명 정도 밖에 없었다. 그 중에 한 명은 그 사실을 두고두고 후회하고 있는 한국에서 온 국제학생이었다.

알아두면 '은근' 쓸데있는 신박한 팁
알쓸신TIP

#22 이는 비단 캐나다뿐만이 아닐 것이다. 서구 사회에 들어왔다면 이제 그만 겸손, 과묵함, 양보의 미덕은 잊어버려야 한다. 나도 아직 노력 중이며 갈 길이 멀었다는 것을 안다. 수 십 년 간 유교사회의 세뇌를 당해왔는데 하루아침에 먼지 털 듯 털어질 리가 없다. 최고인줄 알았던 한국사회의 미덕들이 이곳에서는 결코 좋게 받아들여지지 않는다는 것을 확인하고, 겸손 대신 자신감을 몸에 익히는 연습을 하고 있다. 벼가 익을 수록 자꾸 고개를 숙이면 거기 익은 벼가 있는 지 아무도 알아주지 않는다. 결국 밟히고 꺾이게 될 뿐이더라. 알맹이도 없으면서 익었다며 허세부리자는 게 아니라 익었다면 당당하게 고개를 들어 알려야 한다는 자기 주문을 매일 외면서 살고 있다.

무작정 퇴사, 그리고 캐나다

곧 죽어도 낫 배드

'비관은 기분이지만 낙관은 의지다.'

프랑스 철학자 알랭의 말을 처음 어떤 책에서 읽은 순간이 아직 기억난다. 여태 비관과 낙관은 왼쪽과 오른쪽 끝에서 서로 마주 보고 대립하는 것, 비관이 부정적인 생각이라면 낙관은 긍정적인 생각이라고 단순하게 여겼었다. 하지만 그 둘은 한 직선 상에 있지 않은 전혀 다른 종류의 것임을 깨달았다. 비관의 상태에 머무르지 않기 위한 적극적인 노력과 의지, 그것이 낙관이라고 알랭은 말하는 듯 했다.

캐나다 사람들은 어떻게 저렇게 긍정적일 수 있을까? 살면서 정말 많이 든 생각이다. 캐나다 강의실에서도 한국과 비슷한 모습을 종종 목격한다. 시험 전 날까지 술파티를 벌이고 시험지가 배포되기 시작하고 나서야 꾀죄죄한 몰골로 느지막하게 강의실에 기어 들어오는 학생들. 그에 반해 필기 노트가 새까매 질 때까지 열심히 공부하는 모범생들. 시험 기간이 끝난 후 술자리에서 자연스레 시험에 대한 이야기가 나왔고 내 옆에 앉은 아이에게 예의상 시험 잘 봤냐고 물어보았다. 그 아이는 만족하는 얼굴로
"낫 배드!"
라며 양 쪽 엄지를 척 내보였다. 그 친구는 수업도 빠지지 않고 노트 필기도 항상 열심히 하는 모범생이었다. 열심히 하더니 역시나 잘 봤구나 별로 놀랍진 않았다. 그런데 나중에 더 이야기하면서 알게 됐는데 점수가 75점이라는 거였다. C+를 겨우 받을까 말까 하는 점순데 '나쁘지 않다고?' 만약 그 친구가 술을 마시고 겨우 시간 맞춰 '기어들어 온' 학생이었다면 놀라지 않았겠지만 정말 열심히 하는 학생이었기에 75점이라는 점수를 만족하는 것이 의아했다.

시험 얘기를 하다 보니 오래전 중학교 시절이 떠오른다. 중학교에 막 입학하고 첫 중간고사였다. 처음 교복을 입고 친 시험이라 그런지 너나 할 것 없이 모두 긴장을 했었던 것 같다. 같은 반에 어렸을 때 미국에서 수년간 살다 온 아이가 있었다. 평소에 대화할 때도 한글보다 영어 단어를 더 많이 쓰는, 영어에 자신감이 넘치는 아이였다. 중간고사가 끝나고 각자의 시험지를 돌려받아 확인하는 수업 시간, 그 아이는 갑자기 울음을 터뜨렸다. 그 아이의 말을

그대로 빌리자면, 영어 시험에서 '2개나' 틀렸기 때문이었다. 중학교 1학년 때의 그 사건을 시작으로 학창 시절 내내 우리는 우리의 성적에 대해서 만족한 적이 없었다 아니, 만족하는 법을 배운 적이 없었다. 80점을 받으면 90점을 받기 위해 노력해야 했고, 90점을 받으면 다음엔 100점을 받을 수 있겠다며 격려를 받았다. 정답을 맞힌 18개에 대해 칭찬을 들어본 적 없이 틀린 2개에 대해서만 얘기하는 선생님들이, 학교가, 대한민국 교육이, 학생들이 현재의 성적에 만족하게 가만 내버려두지 않았다.

코피가 나도록 새벽 3시까지 공부를 해놓고 시험 전, 앞, 뒤, 옆자리 학생들과 서로 얼마나 공부를 못했는지 올림픽을 여는 한국의 교실에서 16년을 보낸 나는 캐나다에 와서 심한 문화 충격을 받았다. 그 전날 분명 학교 앞 술집에서 밤늦게까지 노는 걸 봤는데 시험공부 열심히 했냐고 물으면 자신 있는 표정으로 '할 만큼 한 것 같다'라고 대답하는 아이들······. 도대체 이 간극은 어디에서 오는 걸까?

한국 학생들의 공부에 대한 솔직하지 못한 태도는 아이들의 잘못이 아니었다. 열심히 공부했지만 혹시나 몇 개라도 틀릴까 봐, 원하는 높은 점수를 받지 못할까 봐, '열심히 공부해놓고 점수가 그게 뭐냐'는 주위의 시선이 두려워 미리 겁먹고 선수 치는 '물밑작업' 즉, 방어기제 같은 것이었다고 생각한다. 나 또한 그랬다. 한 번도 열심히 공부했다는 말을 해 본 적이 없다. 항상 부족한 것만 같았다.

캐나다 사람들의 입버릇 같은 '낫 배드'는 성적에만 국한된 것이 아니었다. 일을 하면서도 하루 2,3번은 꼭 듣는다. 라이브행사를 하는 일을 하다보니 고객에 따라 업무방식과 강도가 매번 달라 일을 시작하기 전에 같이 일하는 동료들끼리 오늘 일에 대한 정보를 공유하는데 그 어떤 힘든 과업이 눈앞에 놓여있건 회의의 마무리는 '낫 쏘 배드'다. 경력이 그리 길지 않은 초짜인 내가 봐도 오늘 작업은 고생길이 훤한데 낫 배드라니……. '야, 이건 인간적으로 솔직히 배드(Bad)지!'라고 외치고 싶은 마음이 목구멍까지 차오른다. 그 순간 알랭의 말이 떠올랐다. 낫 배드를 외치는 그들의 표정도 그렇게 밝지만은 않다. 그들도 당연히 모를 리 없다, 오늘은 쉬운 날이 아니라는 것을……. 몰라서 그렇게 외치는 것이 아니라 나쁘지 않은 것으로 여기겠다는 의지의 표현이었던 것이다.

내가 지금껏 초조하고 불안했던 이유는 내가 가진 85점을 보지 못하고 내 것이 아닌 15점에만 집중했기 때문이었음을 이제는 조금 알 것 같다. 물론 단점을 보완하기 위해서는 그 15점에도 관심을 가져야 하지만 오답 노트를 작성하기 전에 내가 가진 85점에 대해 다행과 감사의 마음을 가지는 것을 먼저 하려는 노력, 그런 낙관의 의지를 연습하고 있다. 그 연습조차 너무 힘들때면 이 곳의 사람들을 보며 그들이 가진 낙관의 기운을 빌려오기도 한다. 비관이 기분이고 낙관이 의지라면, 부정적인 마음은 방치의 부작용이고 긍정적인 마음은 의지의 보상일 것이다. 다음에 어떤 상황이 나를 좌절시키는 순간이 오면, 그때는 내가 먼저 사람들에게, 그리고 나 스스로를 향해 외쳐봐야지 마음 먹는다.

"낫 쏘 배드!"

알아두면 '은근' 쓸데있는 신박한 팁
알쓸신TIP

#23 캐나다에서 컬리지나 대학교를 다닐 예정이라면 성적보다 봉사활동에 좀 더 집중하라고 권하고 싶다. 열심히 하고자 하는 의지가 있는 한국 사람이 학교 성적 때문에 고민하는 경우는 매우 드물었다. 특히 시험 점수에 대해 한국보다 느슨한 긴장감을 가지고 있는 캐나다인들 사이에서 대부분 좋은 성적을 받아가는 사람들은 한국 학생들이었다. 하지만 장학금이나 교내 인턴십을 신청할 때 성적은 차고 넘치는데 봉사활동 기록이 없어 신청서를 내보지도 못하는 안타까운 경우를 많이 보았다. 내가 속한 커뮤니티를 위해 얼마나 도움을 주었는지 나눔을 베풀었는지를 중요하게 생각하는 것이다. 단순히 기록을 요구하기보다 에세이 형식으로 제출해야 하므로 뜬금없는 봉사활동보다는 내 열정이나 관심, 정체성과 연관이 있는 커뮤니티 봉사활동을 찾아 하다보면 보다 인상적인 스토리텔링으로 봉사이력을 어필할 수 있어 유리하다.

이혼을 축하해 달라고?

별일 없는 주말 저녁 혼자 산책을 하고 집으로 돌아오는 데 평소에 들리지 않던 시끄러운 음악 소리가 들렸다. 어디서 파티라도 하나 싶어 두리번거리는데, 어디선가 내 이름을 부르는 소리가 들렸다.

"너도 건너와서 맥주 한 잔 할래?"

소리가 나는 위 쪽을 올려다보니 옆집에 사는 J였다. 오랜만에 친구들을 불러 하우스 파티를 하고 있다며 별일이 없으면 건너오라며 맥주병을 흔들어 보였다. 평소에 마주치면 인사를 살갑게 하는 사이긴 했으나 집에 초대까지 해서 함께 술 마실 정도는 아닌데……. 그냥 예의상 하는 말인가?' 싶어 2.5초 정도 망설였다. 하지만 오랜만에 듣는 신나는 음악 비트와 달콤한 바베큐 향, 그리고 와자지껄한 사람들의 즐거운 웃음소리가 들리자, 코로나로 인해 2

년 간 꺼져있었던 내안에 어떤 스위치가 탁하고 켜졌다. J의 마음이 변할까, 황급히 'I would love to!'를 외치며 무리에 합류했다.

그날 J의 집에 모인 친구들은 총 6(D, K, C, T, N, M) 명이었다. 그들은 청소년기를 함께 보낸 오랜 친구들이었고 40대 중후반정도로 보였다. J를 따라 들어갔지만 나 혼자 초면이라 인사를 하고 내 소개를 하면서도 영 어색했다. 하지만 알코올의 힘은 역시나 대단했던 건지, 2년 만에 여러 사람들과 파티를 하는 분위기에 취한 건지 맥주 한 캔을 비우기도 전에 어색함은 사라지고 나는 평소보다 말이 많아졌다. 풍족한 술과 음식이 조금씩 줄어드는 만큼 우리의 대화는 무르익어갔다. D는 싱글대디로 혼자 아이들을 키우고 있고, K는(일단 아직까지는) 비혼주의자인 싱글, C와 T는 모두 기혼으로 서로의 남편과 함께 아이들을 키우고 있었다. N과 J는 20년 전 이혼했으며 그 이후로도 지금까지 친구로 잘 지낸다고 했다. 그리고 어쩐지 나보다 훨씬 어려 보였던 M은 J와 N 사이에 낳은 딸이라고 했다. 아무렇지 않은 척 '그렇구나' 하고 웃었지만 사실 놀랐다. 이혼한 부부가 각자의 새 파트너들과(그리고 그의 자녀들이) 한 자리에 모여 아무렇지 않게 파티를 열고 즐거운 시간을 보낼 수 있다니. 나에겐 미국 드라마에서나 나올 법한 이야기처럼 느껴졌다. 더욱 놀란 것은 M도 불편하거나 어색한 내색이 전혀 없이 그 자리를 즐기는 듯했다. 그리고 우리가 있었던 그 장소에는 J의 현재 아내와 그들 사이의 자녀들도 음식을 함께 먹고 있었다. 처음

본 나에게 예전 아내와 이혼한 이야기를 아무렇지 않게 이야기하는 D와, 결혼은 아직 싫지만 연애는 하고 싶다는 K의 아무렇지 않은 당당한 말투도 놀라웠지만 J와 N의 이야기는 진짜 딴 세상이었다.

'미드같은 상황'을 직접 마주한 경험한 것은 그날이 처음이었지만 생각해보면, 이런 종류의 놀라움은 캐나다에 오고 나서 꾸준히 간접적으로 경험해왔다는 걸 깨달았다. 일을 하며 알게 된 많은 동료들이 그랬다. 40대인 M은 퇴근을 하기 직전, 여자 친구(와이프가 아닌)가 최근에 3번째 아이를 출산했다며 입이 귀에 걸린 채 아기 사진을 보여줬고, 20대인 A는 출장을 가던 비행기 안에서 남자 친구와 오픈 릴레이션십 연애를 하고 있다고 했다. 그리고 60대인 E는 점심시간에 도시락을 먹으며 아무렇지 않게 자신이 이혼 소식을 전했다. 가장 인상적이었던 E의 이야기는 이러했다. 오래전에 이미, 자녀들이 모두 대학에 진학하면 각자의 인생을 새로 시작하자며 아내와 합의를 했었고, 얼마 전에 드디어 이혼을 하고 서로의 새 출발을 응원했다고 했다. 대화 처음엔 이혼을 이야기하는 그의 표정과 말투가 너무나 밝고 유쾌한 나머지, 내가 'divorce'라는 영어 단어를 잘 못 들은 줄 알았다. 그리고 E는 냅킨으로 입을 닦으며 자신의 인생에 제2의 챕터가 펼쳐진 것을 축하해 달라는 말도 덧붙였다. 그 모든 이야기를 하는 내내, 마치 소풍을 하루 앞둔 어린아이처럼 기쁨과 설렘을 온몸으로 표현했던 그의 모습이 너무도 인상깊어 아직까지도 생생하게 기억한다.

어른들 뿐 아니라 학교에서 만난 아이들의 경우도 그랬다. 스텝-마더, 스텝-파더, 스텝-시스터, 그리고 스텝-브라더에 대한 이야기를, '어제 우리 집 고양이가 현관에 오줌을 쌌지 뭐야'라는 말을 하듯 대수롭지 않게 했다. 그들의 가정환경에 대해 아무런 사전 정보가 없었던 나는 혼자 속으로 당황해했다. 서구 사회의 이혼율이 매우 높다는 것은 그리 새로운 사실이 아니지만 솔직히 한국은 그에 비해 현저히 낮을 거라고 막연히 생각했었다. 그런데 궁금해서 찾아본 자료에 따르면, 최근(2019년)에 발표한 OECD 국가 중에서 이혼율 순위가 한국이 9위, 아시아 국가 중에서는 1위라니? 그러니까 문제는 이혼율의 순위가 아니라, 그것을 받아들이는 사회의 시선과 관점이었나보다. 이혼을 한 이력은 '실패한 결혼'이라는, 혼전임신을 하면 '속도위반'이라는, 그리고 결혼 적령기를 넘긴 비혼주의자(혹은 독신 주의자)들에게는 어딘가 하자가 있는 '노처녀 노총각'이라는 꼬리표를 붙이는 한국의 오래 묵은 통념과 일차원적인 잣대는 당사자들도, 주위 사람들도, 숨기고 가려야 하는 것으로 인식하게 만든다. 없는 것이 아니라 보이지 않을 뿐이었다. 여전히 한국 사회는 전통적인 형태에서 벗어난 개인들의 다양한 삶의 모습과 가치관을 다른 게 아니라 틀린 것으로, 과정이 아니라 이미 결론이 난 실패로 만들어버리니까.

이혼을 쉽게 생각해야 한다는 것도, 오픈 릴레이션십을 장려해야 한다는 것도 아니다. 그냥 아무것도 추천하지도 장려하지도 무시하지도 쉬쉬하지도 않았으면 좋겠다. 어떤 방식으로 살고 있든, 우리의 과거와 현재가 흠결이 아니라 각자에게 더 맞는 길을 찾아가는 다른 과정일 뿐이라는 삶의 태도, 그리고 개인의 기준으로 타인의 삶을 함부로 평가하지 않는 사회, 도대체 무엇이 그것을 가능하게 하는 것일까? 그것이 무엇이든 간에 그런 환경에서 보고 자란 아이들이 자신들의 조금 다른 가정환경을 창피한 것이나 감춰야 하는 것으로 느끼지 않을 수 있는 것은 매우 자연스럽고 당연하게 느껴진다. 한국 사회의 기준으로 '정상적'이지 못한 가정환경에서 성장했던 나는 내 유년기를 '불행했던 날들'로 기억한다. 과거로 되돌아갈 수도, 다시 태어날 수도 없다는 걸 알지만 '나도 이런 사회에서 자랐다면 지금의 나는 어떻게 달라졌을까', 하는 생각을 어쩔 수 없이 하게 된다. 새엄마, 새아빠 이야기를 아무렇지 않게 하는 이 곳의 아이들을 보며 부러웠다. 아니 솔직히 모종의 질투까지 느낀다. 한국 사회도 하루 빨리 다양한 가정의 형태와 개인이 선택한 삶의 형태에 부디 좀 더 관대, 아니 차라리 무심함으로 대해주길, 그래서 부모와 아이들, 그리고 사회의 모든 구성원들이 더 이상 악플같은 꼬리표로 상처 받지 않고 그늘로 숨지 않아도 되는 그날이 좀 더 앞당겨 질 수 있다면 좋겠다.

E는 이혼 후 몇 개월 지나지 않아 회사를 그만두었다. 이혼 절차를 마친 후 이사를 했다는 그는 어플을 통해 만났다는 어메이징한 여자 친구(E의 말에 따르면)와의 일상들을 이야기하며 행복해했

었다. 지금은 연락이 끊겨 더 이상 소식을 들을 수 없지만 그의 행복해보이는 얼굴이 떠올라 가끔 생각난다. 제2의 인생을 용기 있게 시작한 E는 더욱 행복하고 즐거운 에피소드들로 인생의 두번째 챕터를 채워나가고 있을 게 분명하다.

알아두면 '은근' 쓸데있는 신박한 팁
알쓸신TIP

#24 캐나다의 결혼식도 예비부부를 위한 축하선물로 현금을 주는 경우가 늘어나고 있다고 하지만 아직까지는 선물을 주는 경우가 더 많다. 특정 스토어에 예비부부가 미리 선별해 놓은 것들 중에서 선택하여 결제를 하면 그들이 이미 등록해 놓은 주소로 자동 배달이 된다. 캐나다는 한국만큼 전문 예식장이 많지 않다. 호텔, 컨벤션 센터, 레스토랑, 교회 등을 빌려서 많이 하는데 그러다 보니 비용도 많이 든다. 그래서 함께 사는 법적인 부부관계라고 해도 결혼식을 하는 경우는 많지 않다, 시청에 혼인신고만 하거나 가까운 가족과 친구들만 초대해 집에서 소박하게 파티를 하는 사람들이 더 많다. 결혼식에 초대를 받았다면 참석 여부를 꼭 알려주는 것이 예의다. 보통 1시간에서 짧으면 30분만에 끝나는 한국 결혼식과 다르게 캐나다는 오전부터 밤늦게까지 결혼식 일정이 짜여진 경우가 많기 때문이다.

휠체어가 날아다니는 나라

선진국, 비선진국은 어떤 기준으로 나뉠까 궁금해서 찾아봤다. 선진국(先進國)의 사전적 의미는 '다른 나라보다 정치·경제·문화 등의 발달이 앞선 나라'를 일컫는다고 한다, 적용되는 나라로는 미국·영국·프랑스·독일·캐나다·이탈리아·일본 등 G7 국가를 꼽으며, 일반적인 기준으로 3만 불이 넘는 1인당 GDP, 효과적인 의료시스템, 높은 교육 성과지수, 높은 행복지수 척도 등을 꼽는단다. 처음 캐나다에 오기로 마음을 먹었을 때는 말로만 듣던 선진국이라는 곳에서 살아본다는 기대에 한껏 부풀어 공상과학 영화에서 보았던 최첨단으로 가득 찬 세련된 도시 이미지를 상상했었다. 그런데 실제로 살아보니 선진국이라는 게 꼭 '살기 편한 곳'과 동의어는 아니라는 것을 깨달았다. 솔직히 GDP는 개인마다 다르다 보니 체감이 힘들고, 정치 상황은 아직 내공이 부족해서 크게 와닿는 부분이 없다. 의료시스템은 장단점이 극명하게 갈리고 논란의 여지가 많아, 한 마디로 얘기하긴 힘든 부분이다. 그래서 캐나다가 정말 살기 좋냐는 질문에 나로서는 아직 '장단점이 있다'는 정도 외에는 얘기할 수가 없다. 그럼에도 불구하고 이런 나조차도 확실히 '선진국이 맞다'며 아는체 할 수 있는 분야는 교육과 문화가 아닐까 한다. 그중에서도 소수자에 대한 복지제도와 사회적인 인식 수준에 대해서는 정말 '이런 게 선진국이구나' 싶은 면모들을 일상 생활에서 숨 쉬듯이 느낄 수 있다. 할 수만 있다면 '좋아요', '하트', '구독', '팔로잉'과 '알림설정'까지를 아낌없이 꾹꾹 눌러주고 싶을 정도로.

지금은 너무나 익숙하지만 처음 캐나다에 와서 놀랐던 것이 어딜가나 장애인들이 많다는 것이었다. 학교, 쇼핑센터, 마트, 영화관, 병원, 대중교통 할 것 없이 모든 곳에서 마주쳤다. 한국에서의 기억을 떠올려보면 일주일에 많아야 두 세 번 정도 마주쳤던 것 같다(그것도, 가족과 함께 성당 주말 미사에 매주 참여하는 휠체어를 탄 친구가 있어 가능한 수치였다). 그런데 캐나다의 경우 더 놀라운 것은, 대체로 휠체어를 이용하는 장애인의 경우에도 보호자 없이 혼자 볼 일을 본다는 것이다. 그만큼 사회적 인프라가 잘 구축되어 있다는 뜻이었다. 모든 공공시설은 휠체어 접근이 용이하도록, 건물 내 엘리베이터와 대중교통의 저상운행이 의무다. 특히나 대중교통에서 인상 깊은 부분은 휠체어가 탈 수 있는 경사 장치뿐만 아니라 휠체어가 안정적으로 위치할 수 있는 자리가 따로 마련되어 있고 필요할 경우 버스 기사가 직접 운전석 밖으로 나와 안전장치를 채우는 것을 도와준다. 사실 타인의 도움 없이도 무리없이 사용할 수 있도록 쉽고 간편하게 설계되어있어 대부분의 경우 도움을 받지 않고 스스로 승하차를 한다.

하지만 그들이 불편함없이 외부적, 사회적 활동을 할 수 있는 가장 큰 '복지'는 생활 지원금도, 시설도 아닌, 바로 '사회적 인식'이 아닐까 싶다. 대중교통 이용에는 나름의 약속이 있다. 첫번째 우선순위는 하차하는 사람들이다. 하차가 모두 끝날 때까지 기다린 후 그다음으로 가장 먼저 탑승할 사람들은 휠체어 사용자와 유모차를 동반하는 승객이다. 버스의 승하차문에서 휠체어나 유모차 탑승을 위한 경사판이 자동으로 내려온다. 그 기계가 작동하고 휠체어 사용자가 버스에 탑승하여 안정장치를 채우기까지 일반 승객은 버스 밖에서 대기를 한다. 그 모든 과정은 꽤나 시간이 걸리지만 기사도 다른 승객도 누구 하나 눈살을 찌푸리는 일이 없다.

캐나다에 와서 처음으로 교통카드를 샀던 날, 일자무식했던 나는 버스가 오자마자 냉큼 올라타려 했다. 그때 버스 기사님이 하차가 끝날 때까지 기다리라며 나의 탑승을 강력하게 제지했다. 민망해하며 기어들어가는 소리로 사과를 하며 뒤로 물러났다. 하차가 끝나고 다시 올라타려는데 이번엔 아까보다 더 화가 난 듯한 표정으로 제지하더니 내 등 뒤를 손으로 가리켰다. 무슨 일인가 싶어 그 손 끝을 따라가 보니 휠체어를 탄 사람이 나를 한심함과 안타까움이 섞인 눈빛으로 바라보고 있었다. 마치 버스 정류장의 모든 사람들이 나에게 손가락질하는 것만 같았다. 그땐 정말 창피했다. 그때 이후로 대중교통을 이용할 때는 몸을 움직이기 전에 주위를 둘러보는 것을 잊지 않으려 노력한다. 이렇듯 장애인들의 불편함을 배려하여 우선권을 당연히 양보하는 것, 무엇보다 그들의 존재를 자연스럽게 생각하는 분위기가 사회저변에 형성돼있는 것, 이런 게 문화선진국이구나 싶다. 이들은 어떻게 문화 선진국이 될 수 있었을까? 다인종이 섞인 캐나다 사람들의 DNA에 친절 인자나 참을성 인자가 유독 더 많을 리는 없겠고, 아마도 교육과, 사회적 제도, 그리고 그것들을 받쳐주는 인프라가 가장 큰 요인일 것 같다. 나보다 좀 더 불편한 사람들에 대한 태도와 인식을 어렸을 때부터 철저히 교육받고, 내가 불편함이 있는 사람이라고 해도 그것은 차이일 뿐, 틀린 것이 아니라 다른 것이라는 생각의 힘을 기를 수 있도록 교육받는다. 게다가 사회적 제도가 제대로 갖춰지고, 시설도 받쳐주니 당연하게도 그렇지 못한 실정의 나라보다 장애인들의 외부 활동이 많아지고 사회는 그들의 존재를 자연스럽게 받아들인다. 그런 인식들이 다시 장애인들의 사회활동에 영향을 끼치며, 결국 이 모든 조건들이 서로 맞물려 긍정의 고리가 선순환되는 것이다.

너무 뻔한 이야기지만 캐나다라고 모든 사람들이 다 교양있고 참을성이 있는 것은 아니다. 중요한 것은 혹시나 그런 사람이 물을 흐린다고 해도 주위의 다른 사람들로 인해 매우 빠른 속도로 정화 작용이 일어난다는 것이다. 사회적인 분위기와 캐나다 사회를 관통하는 문화가 그래서 묵직한 힘을 가지게 됐다는 생각이 들었다. 한국에서 30년 간 살면서 캐나다에서 7년 간 본 장애인의 10분의 1만큼도 보지 못한 것 같다. 인구밀도까지 따진다면 그 확률과 수치의 간극은 더욱 넌센스다. 그들은 전부 어디에 있는 걸까? 안경이 없으면 앞이 잘 안 보여서 생활이 불편한 사람들과 휠체어가 없으면 걷기가 불편한 사람들의 격차가 그렇게 커야 하는 걸까? 단지 좀 커다란 '안경'을 끼고 있을 뿐인데 모두가 누릴 수 있어야 하는 공공재인 대중교통조차 마음대로 이용하지 못하고 이동권이 보장되지 않는 것은 오히려 사회의 장애다. K드라마가 전 세계를 사로잡고, K팝의 물결이 온 지구를 흔들고 있는 이 시점에, 한국은 아직도 저상 버스로 100% 교체 및 운행되기까지 시간이 더 필요한 모양이다. BTS도 좋고, 오징어 게임도 좋지만, 아직 한국의 문화 선진화는 갈 길이 멀게 느껴진다. 길에서 거침없는 캐나다의 휠체어를 마주칠 때마다 마음이 복잡해진다.

알아두면 '은근' 쓸데있는 신박한 팁
알쓸신TIP

#25 캐나다 버스의 아주 신기한 점 하나, 무려 자전거를 버스 앞 쪽에 실을 수 있다는 것이다. 자전거를 타다가 버스를 이용하고 싶을 때 기사에게 자전거를 싣겠다고 말하고 다른 승객들이 탑승하는 동안 버스 앞쪽에 위치한 랙에 자전거를 체결하고 버스에 탑승하면 된다. 신기하지 않은가? 버스 얼굴에 자전거를 안경처럼 달고가는 것을 처음 봤을 때 너무 신기해서 한동안 눈을 떼지 못했다.

자연이 만드는 농담들

BC주로 이사를 온 후 코로나 셧다운이 풀리면서 일이 다시 조금씩 생기기 시작했다. 일을 시작하고 몇 개월 간은 매일 다른 곳으로 불려 다녔다. 소위 '땜빵'을 하게 된 것이다. 그 날도 처음 가보는 호텔로 출근을 하느라 구글맵을 들여다보며 진땀을 빼고 있었다. 버스를 어느 방향에서 타야하는 지 몰라서 한참을 헤맸다. 스마트폰으로 아무리 지도를 뚫어져라 봐도 복잡한 오거리에서 건너야 하는 건지, 만약 건너야하는 것이라면 10시 방향인지 2시 방향인지 도무지 알 수 없었다. 246번 버스를 타는 것까진 알겠는데 어디서 타란 말인가, 그렇게 한참을 뙤약볕 밑에서 발을 동동 굴리고 있는데 246번 버스가 내 앞에 섰다. 확실히 확인할 시간이 없다. 배차간격이 너무 잔인해서 만약 이걸 놓친다면 여지없이 일에 늦고 말 것이다. 일단 타자. 떨렸다. 버스기사에게 물어 확인을 해야했다. 교통카드를 내밀기 전에 버스 기사에게 내가 가는 목적지의 길 이름을 대며 그곳으로 가는 버스가 맞냐고 물었다. 코로나 발발 이후에 모든 버스 기사석에는 투명한 플라스틱 보호막이 쳐졌다. 그렇지 않아도 낯가림이 심한 수퍼 내향인 외국인에게 투명 보호막은 현지인들과의 거리를 열 배, 스무 배 더욱 아득하게 만들었다. 보호막 때문인지 역시나 버스기사는 못 알아들은 듯했다. 내 뒤에는 버스 탑승을 기다리는 사람들이 한가득이었다. 나 때문에 버스에 타지도 못하고 기다리고 있는 그 사람들에게 미안했지만 나는 꼭 '내 문제'를 해결해야만 했다. 다시 물었다.

"바나나파인애플(가명)길로 가는 버스가 맞나요?"

버스 기사의 얼굴에는 내가 무슨 외계어라도 하는 것처럼 혼란스러운 표정이 떠올랐다. 그의 표정을 보자 한 없이 작아졌다. 일이고 뭐고 늦든 말든 그냥 내리고 싶은 마음이 굴뚝같았다.

"버어내어너빠인애뽀……."

한 번 더, 이번에는 한 층 더 목소리를 키워서 물었다. 발음도 최대한 굴려봤다. 금방이라도 버럭 짜증을 낼 것만 같았다. 뒤에는 사람들이 탑승 순서를 기다리며 길게 줄을 서 있는데 이러는 내가 반가울 리가 없다. 그래도 어쩔 수 없다고 생각했다. 이젠 짜증을 내든, 화를 내든 될 대로 되란 오기가 생겨 한 번 더 물었다. 일에 늦을 수는 없었다.

"아~~~ 브내어너빠인애뽀! 이 버스가 바로 그 버스입니다. 걱정말고 얼른 타세요."

웬걸, 짜증을 예상했는데 대답이 너무 친절했다. 심지어 3번 만에 알아들은 길 이름이 마치 과거에 무척 사랑했던 애인 이름이라도 되는 양, 마침내 자기가 알아들어서 너무너무 기쁘다는 미소까지 띠며.

그의 대답이 너무 친절한 나머지 달콤하게 느껴지기까지 했다. 나는 내 뒤에서 기다리던 사람들에게, 너무 오래 기다리게 해서 미안하다며 사과의 말을 전했다. 온몸의 긴장이 풀리며 벅차오르는 감동에 눈물도 조금 났던 것 같다. 일도 늦지 않을 것이고 기분도 상하지 않았다.

나는 사실 토론토에서 사는 동안 대중교통에 대한 트라우마를 가지게 됐다. 매일 다른 곳으로 출근을 했기에 버스 기사에게 이 방향이 맞는지, 이 버스가 맞는지 항상 물어야 했었다. 그럴 때마다 10번 중에 8번은 불쾌한 경험을 했다. 제대로 대답해주지 않았고 대답은 대부분 불친절하거나 무미건조했다. 내가 트라우마를 겪게 만든 그 날도 낯선 곳으로 출근을 하던 날이었다. 구글맵에서 66번을 타라고 뜨는데 66A라고 적힌 버스가 왔다. 표지판을 보니 66A와 66B가 있는 것 같았다. 확신이 없어 일단 버스에 올라타고 기사에게 내가 가는 목적지로 가는 버스인지 물었다. 그는 나를 힐끔 보더니 창 밖으로 고개를 돌리고 말이 없었다. 그 때는 팬데믹 전이라 투명보호판도 없었고 주위에 사람들도 없어 조용했기에 내 목소리를 못 들었을리는 없었다. 무엇보다도 내가 말할 때 곁눈질로 내 얼굴을 분명히 봤다. 그건 착각의 여지없는 '무시'였다. 나는 목소리를 좀 더 높여 다시 물었고, 버스 기사는 그때서야 짜증을 내며 정류장 기둥에 적혀있으니 확인하면 될 것 아니냐고 버럭 소리를 질렀다. 나는 너무 당황한 나머지 아무 대꾸도 못하고 한 5초간 꼼짝도 없이 그를 쳐다봤다. 그리고 바보 같이 정말 한 마디도 못하고 그냥…… 내렸다. 갑자기 그런 일을 당하자 몸이 보호본능을 일으켜 그 버스 기사와 일단 멀리 떨어져야 할 것 같아 자동반사적으로 내린 것이었다. 하차를 하고 나서 정신을 조금 차린 나는 그 버스 기사를 쳐다봤다. 확인할 길은 없었지만 내 얼굴은 분명 화가 나 있었을 것이다. 그도 나를 봤다. 조그마한 아시안 여자가 자신에게 그런 표정을 지었다는 것에 참을 수 없이 매우 화가 난 것처럼 보였다. 아예 창문을 열고 가운데 손가락을 들어보이며 목소리를 한 껏 높여 욕을 하기에 이르렀다. 그때까지 내가 그에게 한 말은 '이 방향으로 가는 버스가 맞아?'라고 두 번 물은 것 밖에 없었다. 버스가 시야에서 사라지기 전까지 창문 밖에 나와있는 기분 나쁜 손가락을 멍하니 바라보는 것 밖에 할 수 있는 게 없었고 그런 내가 너무도 무능력하게 느껴져 비참한 기분이 들었다. 내가 왜 여기서 이런 무시를 당하는 것일까. 갑자기 울컥 눈물이 났다. 그 때 처음으로 캐나다에 온 걸 조금 후회했던 것 같다.

시내버스 웹사이트에서 불편불만신고를 찾았다. 버스기사의 이름을 기재하는 란이 필수항목이라는 말도 안 되는 정보를 요구하는 신고서를 보고 포기해야 했다(어떤 사람이 자기가 타는 버스 기사의 이름을 알고 있단 말인가? 불만 신고를 하고 싶은데 너의 이름을 알려줄 수 있냐고 물으면 말해 줄 사람이 있다고 생각한 걸까?).

그 날의 일은 내가 대중교통에 대한 트라우마를 가지게 될만큼 충분히 폭력적인 경험이었다. 아마도 그 기사는 하필 그날 언짢은 하루를 보내고 있었을지도 모른다. 출근 전 아침에 동거하는 애인과 돈 문제로 싸웠거나 같이 사는 고양이 '톰'이 며칠 전 새로 산 닌텐도를 너덜너덜하게 만들었거나. 아무리 그렇다 해도 만약 내가 200파운드의 건장한(혹은 거대한) 남자였다면 애초에 무시하지도, 함부로 가운뎃손가락을 사용하며 욕을 하지도 않았을 것이다. 인종차별인지 성차별인지, 자기보다 약해보이는 사람에 대한 약자 차별인지 모르겠지만 그날 이후로 나는 대중교통을 이용할 때마다 그 기억이 떠올라 괴로웠다. 비단 대중교통 뿐 아니라 운전을 할 때도 토론토 시내에서 운전은 웬만하면 피하고 싶었다. 토론토 시내에서, 특히 출퇴근 시간에 운전을 하다보면 끼어들기와 분노의 경적 소리, 욕설과 가운뎃 손가락이 뒤섞인 혼돈을 매번 각오해야 했다. 나중에는 욕을 듣고 보복운전을 당해도 '그러려니'가 될 만큼 일상의 일과였다.

그런데 밴쿠버는 확실히 분위기가 다른 느낌이다. 다행히 지금까지는 불쾌한 일을 겪지 않았다. 아니, 불쾌하지 않은 정도가 아니라 조금 과분할 정도다.

"실례합니다. 혹시 하차 시에도 교통카드를 다시 찍어야 하나요?"

"얼마든지요! 두 배로 요금을 내고 싶다면 말리지 않겠습니다."

"예……?! (상황 파악 중) 아~ 하하하 알겠습니다. 감사합니다."

"안녕하세요. 망고리치(역시 가명) 길로 가는 버스가 맞나요?"

"원래 안 가는데 손님이 원하신다면 오늘은 특별히 가드리지요"

"예……?! (3초간 상황 파악) 아~~~ 감사합니다. 그럼 잘 부탁드립니다"

이제는 나도 그 상황에 익숙해져서 버스 기사와 여유롭게 농담을 주고받는 경지(?)에 이르렀다. 같은 캐나다인데도 분위기가 많이 다르다. 하긴 그 좁은 땅덩어리 안에서도 서울 사람 시골사람이 다르니까. 밴쿠버에 와보기 전에는 그 유명세에 토론토와 비슷하게 크고 복잡한 도시이겠거니 생각했는데 실제로 와보니 토론토에 비해 이곳은 훨씬 작고 덜 바쁘게 돌아가는 도시다. 그리고 무엇보다 가장 큰 차이는 자연 환경이다. 호수도 바다도, 그리고 산도 있는 이곳의 풍부한 자연이 사람들에게 여유를 주는 걸까. "토론토=Asshole", "밴쿠버=Angel" 같은 무식한 일반화를 하고 싶진 않다. 다만 내가 경험한 다양한 사례들이 그런 인상을 준 것이 사실이며 아직까지 깨지지 않은 나만의 '편견'을 가지고 있다는 지극히 개인적인 고백일 뿐이다.

살다 보면 사람 사는 곳이니 어디에서든 불쾌한 경험을 맞닥뜨릴 수 있다는 것을 안다. 언제든지 그런 경험들로 마음이 상하거나 상처받을 수 있음을 인지하고 언제부터인가 항상 마음속에 호신용 방패를 품고 다닌다. 그들의 무례한 불친절과 이유없는 무시를 내가 상처로 받아들일 필요는 없으니 그때 꺼내 쓸 방패다. 항상 대비하고 있다면 예고없이 날아온 비수들도 꽂히지 않고 바닥으로 힘없이 꼬꾸라지지 않을까하고. 지금은 딱 그 정도, 울지 않을 수 있는 수준 정도로 레벨업(?)을 했다. 공격용 칼도 하나쯤 챙겨두면 좋겠다는 생각을 한다. 공격을 받았을 때 그저 멍하게 당하고만 있지 않고, 침착하게 정곡을 찔러줄 그런 교육용 칼을 하나쯤 가지고 산다면 조금 더 든든할 것 같다. 물론 그 칼을 전혀 쓸 일이 없어 결국 칼날이 녹슬어버린다면 더욱더 좋겠지만 말이다.

알아두면 '은근' 쓸데있는 신박한 팁

알쓸신TIP

#26 밴쿠버를 방문하게 된다면 밴쿠버의 대중교통을 반드시 이용해보라고 권하고 싶다. 토론토에는 지하철이 있고 밴쿠버에는 스카이트레인이 있다. 이름에서 알 수 있듯이 지하철도가 아닌 고가철도이다. 스카이트레인 외에도 시버스(Sea bus)와 2층 버스도 있는데 3달러정도의 가격으로 밴쿠버의 아름다움을 즐길 수 있다. 스카이트레인을 타고 밴쿠버 도시를 한 눈에 내려다 보거나 시버스(Sea Bus)를 타고 바다를 건너는 경험은 밴쿠버 관광의 꽃이라 할 수 있다. 스마트 폰도 피곤하고 책도 싫을 때 2층 버스나 스카이트레인 맨 앞자리에 앉아 그저 창밖을 구경하는 것만으로도 힐링이 된다. 그러니 2층 버스나 스카이트레인을 탈 일이 있다면 반드시 인기 좋은 2층 맨 앞좌석을 선점하시길.

명품보다 힙한 깨진 아이폰

나는 현장 일을 나갈 때 11년 된 백팩을 메고 간다. 사실 나도 이렇게 오랫동안 이 가방을, 그것도 유용하게 쓸 줄 몰랐다. 이 배낭은 한국에서 회사에 입사를 하고 신입사원 합숙 연수원에서 받았던 보급품 중 하나였다. 회사 로고가 떡하니 박혀 있어, 대부분의 신입사원들에게는 일회용으로 소비되는…… 입사 동기들은 6주간의 합숙 연수가 끝나는 날 마치 수능을 치르고 참고서를 불에 태웠던 것처럼, 운동복, 모자, 그리고 가방 따위의 모든 보급품들을 쓰레기통으로 미련없이 던져 넣었다. 나는 언젠가 쓰이겠지 하며 챙겨뒀는데 그게 '물까지 건너와'서 지금까지 내 손과 발이 되어 주고 있다. 가방을 멜 때마다 입사 동기들이 생각난다. 그들이 이 가방을 본다면 뭐라고 할까? 몇몇은 그게 아직도 있냐며 놀릴 것이고, 대다수는 그런게 있었냐며 아마 기억도 못할 것이다.

사실 한국에서는 이 가방을 한 번도 쓴 적이 없다. 회사 로고가 박힌 물건을 착용하고 다니다가 궁색한 사람으로 낙인찍히기 싫었다. 브랜드나 기업홍보가 목적인 판촉행사용으로 만든, 기업로고가 큼지막하게 들어간 모자나 옷 따위는 운이 좋으면 홈웨어로도 활용되지만 대부분은 의류수거함으로 직행한다. 한국에서는 그런 홍보용 로고가 박힌 것들은 외출복으로 고려될 수 없었다. 연수원 보급품까지 챙겨올 만큼 물건을 잘 버리지 못하는 내 경우도 집 밖으로 입고 나간 적은 음식쓰레기를 버리러 갈 때 뿐이었다. 나이키도 수프림도 똑같은 로고인데 돈 주고 산 로고는 힙한 것이 되고, 공짜로 받은 로고는 궁색한 것이라고 생각했다. 그랬던 내가 캐나다에 와서는 전혀 개의치 않게 되었다. 왜냐하면 모두가 개의치 않기 때문이다. 배낭에 주유소 로고가 박혀있어도, 털모자에 편의점 이름이 수놓아져 있어도 그것을 가리려고 애쓰지도 않고 당당하게 입고 쓰고 다닌다. 누가 봐도 어디서 공짜로 받은 것임이 자명한데도 질이 좋다면 절대 그냥 버리지 않는다. 게다가 물건의 '생(?)'이 다할 때까지 쓴다. 물건이 보여주는 가치보다 물건이 가지고 있는 효용성을 더 중요하게 생각하게 때문이다. 역시 북미, 실용주의의 나라답다.

내가 회사 로고가 박힌 11년 된 가방을 아무렇지 않게 들고 다닐 수 있게 된 이유는 직장에서 만난 회사 동료 3명의 지분이 크다.

(A) 과장(편의 상 비슷한 한국 직급 체계 사용) L의 인조가죽 벨트는 너덜너덜 하다못해 당장 끊어져 바지가 흘러내린다해도 놀랍지 않을 정도로 낡았다.

(B) 동료 B는 액정이 산산조각 나서 화면의 3분의 1은 보이지 않는, 그래서 전화와 문자 기능만 겨우 가능한 아이폰4(곧 아이폰 14가 나올 지금 이 시점에)를 쓰고있다.

(C) 부장 S는 25년 된 혼다를 끌고 다니는 데 그 차의 에어컨은 오래전에 고장이 났고 사람들은 흡사 '트랙터 소리'같은 차의 엔진 소리로 부장 S가 도착했다는 것을 알아차린다.

나는 유행에 민감한 사람이 아니다. 한국에서도 그랬다. 동기들이 성과급이나 명절 보너스로 신상 명품백을 지를 때, 나는 강남역 지하상가 12번 출구 가방가게에서 산 10만 원짜리 가죽가방을 4년 내내 들고 다녔다. 그런 나를 보고 손가락질한 사람은 없었지만 어느 날은 문득,

'나도 이제 명품 한 두 개쯤은 있어야 하나?'

하는 생각이 어느 순간 들었다. 매일 만나는 사람들의 영향을 받게 되니까 자연스럽게 그런 생각이 들었다. 아마 계속 한국에서 살았더라면 나도 지금쯤 친구들, 동기들 따라 명품 몇 개 정도는 '체면상' 가지고 있었을지도 모르겠다.

지금은 그 어떤 고가의 명품보다 액정이 깨진 아이폰이 내겐 더 힙하고, 화려한 스포츠카보다 15년 된 혼다의 트랙터 같은 엔진 소리가 더 매력적으로 느껴진다. 다른 사람들의 눈치를 보지 않는 '내가 좋으면 그만'이라는 '마이웨이' 정신이 꽤 멋있다고 생각한다. 공짜로 받은 판촉용 물건을 열심히 입고 쓰고 다녀도 '찌질한 사람'으로 낙인찍히지 않는, 물건으로 사람을 판단하지 않는 실용주의를 사랑한다. 덕분에 나도 이제 눈치보지 않고 내가 편한 방식으로 사는 법을 어느정도 터득했다. 아마 가방끈이 떨어질 때까지 나는 11년 된 이 가방을 메고 다닐 것 같다.

알아두면 '은근' 쓸데있는 신박한 팁
알쓸신TIP

#27 캐나다에서 알뜰하게 쇼핑하는 방법 몇 가지

❶ 캐나다도 한국처럼 전단지 문화가 발달해 있다. 여러 쇼핑몰의 전단지를 모아 한 눈에 볼 수 있는 사이트를 활용하면 좋다.

❷ 매장에서 사고 싶은 물건을 발견했을 때 마침 다른 곳에서 더 싸게 팔고 있다면 웹사이트나 전단지를 보여주면서 가격 매칭을 요청하면 생각보다 쉽게 물건 가격을 깎아준다.

❸ 물건을 구매했는데 만약 동일한 물건이 한 달(가게마다 다름) 안에 할인을 하는 것을 발견한다면 그 만큼 차액을 환불해준다.

❹ 물건에 하자가 있거나 물건이 마음에 들지 않는다면 환불기간을 놓쳤다고 해도 시도해보자. 타당한 이유가 있다면 환불에 대해서 무척 관대하다.

모든 컬러가 용서되는 곳

영어에 'Jaw-dropping'이란 표현을 보고 굉장히 재미있는 표현이라고 생각했다. 'Jaw=턱', 'dropping=떨어진다' 해석하자면 '턱 빠질 만큼 놀라운' 정도가 될 것 같다. 문화라는 것은 참 알다가도 모르겠다. 수많은 미디어를 통해 글로 읽고, 소식을 듣고, 유튜브로 배워 '사람 사는 곳이 다 똑같지, 문화차이 정도야' 하며 자신만만했던 나는, 실제로 현지인들의 삶 속에서 오감으로 경험하는 문화 차이에 아직도 자주 놀라고 또 배운다. 배움과 동화가 남들보다 느린 나는 아주 천천히 익숙해지고 있지만 이민 초창기에는 날마다 거의 놀라운 일들이 생기는 바람에 조금 과장을 보태면 턱관절이 아플 지경이었다. 그 중에서 하나만 꼽으라면, 무엇보다 캐나다의 개성을 꼽고 싶다. 아니 개성을 표출하는 과감함이다. 아니 더 정확히 말하면 개성을 표출하는 그 과감함에 대한 타인들의 무관심이다. 나는 그 무관심에 놀랐다.

취준생 기간에 닥치는 대로 일자리를 찾다가 스타벅스 바리스타로 일을 하게 됐다. 처음 일주일은 트레이닝을 받았는데 첫날부터 숙지하라며 건네받은 한 뭉치의 종이 다발……. 회사의 역사와 비전, 로고의 상징, 직원 복지, 지켜야 할 규칙, 안전 사항 등이 적힌 일종의 오리엔테이션 같은 안내서였다. 그중에서 안전과 위생을 위한 금지 항목을 설명하는 부분이 인상 깊었다.

- 하이힐이나 바닥이 미끄러운 신발 착용 금지
- 머리카락 및 손톱 청결 주의
- 뜨거운 음료에 의한 화상 방지를 위해 반바지, 샌들 착용 금지

공부하는 마음으로 열심히 책장을 넘기다 어느 한 곳에서 내 눈이 멈췄다. 그리고 내 눈을 사로 잡은 페이지에서 한동안 헤어나올 수가 없었다. 설명들을 돕기 위한 '좋은 예시'의 바리스타 일러스트였다. 그들의 얼굴에는 수 십 개의 피어싱이, 머리카락은 빨주노초파남보 무지개, 그리고 걷어붙인 팔에는 알록달록한 타투가 가득했다. 안전을 위해 반바지나 하이힐은 안되지만 헤어스타일, 피어싱과 타투는 문제 될 게 없다는 것을 보여주기 위함인 듯했다. 그래도 그렇지 이렇게 파격적인 모습으로 일을 래도 된다고? 처음엔

스타벅스가 '힙함'을 노린 브랜드 마케팅의 일종이라고 생각했다. 그리고 착각이었다는 것을 깨닫는 데는 오래 걸리지 않았다. 통장 개설을 위해 방문한 은행의 부지점장은 손목부터 귀밑까지 타투로 덮여 있었고, 대학 전공 수업을 담당했던 교수들 중 한 명은 눈썹, 귀, 그리고 코까지 피어싱을 주렁주렁 달고 있었다. 한 번은 질문을 하러 갔다가 몇 개인지 문득 궁금해졌다. 도대체 저게 다 몇 개일까? 속으로 피어싱 개수를 세어보다가 17개 즈음에서 질문에 대한 교수님의 답이 끝나버리는 바람에 결국 피어싱의 개수도, 질문에 대한 교수님의 답도 얻지 못했다.

한국에서 회사 다닐 때 한쪽 팔에 큰 화상 흉터가 있는 동기가 있었다. 회식을 하다 누군가 그에게 그 흉터에 대해 물었다.
"아, 이거…… 대학생 때 문신한 건데 우리 회사 서류 합격하고 면접 보기 전에 급히 싸게 지우느라……."
순간, 왁자지껄했던 술자리 분위기가 갑자기 싸해졌고, 말을 꺼낸 사람은 미안한 표정으로 입을 다물었다. 불과 몇 년 전인데도 한국은 문신 자체에 대한 부정적인 인식이 훨씬 심했다.

이십 대 중반 쯤 한 창 실버그레이 머리색에 빠져있었던 때가 있었다. 주위 사람들에게 '나 머리색을 회색으로 해보고 싶은데 어떻게 생각해?!' 하면 반응은 두 가지였다. 그런 건 대학생 때 졸업했어야 하는 것 아니냐며 만류하는 사람과 해보고 싶으면 하루라도 젊을 때 얼른 하라고 부추기는 사람. 어떤 대답이건 '과연 나는 그런 파격적인 헤어스타일을 시도해도 괜찮은 나이인가'를 자기검열을 하게 만들었다.

어차피 백 명이 부추긴다해도 월급의 노예인 회사원 신분으로 판타지 웹툰에나 나올 것 같은 그런 머리색을 감행할 배짱은 없었기에 결국 포기했다. 한국에서도 마음에 드는 미용실을 찾기는 쉽지 않은데 캐나다에 오니 더욱 힘들었다. 인종마다 모질이나 두상, 머리카락이 나는 방향과 굵기 등이 다 달라서 동양인들은 캐나디언 미용실에 가면 낭패를 볼 확률이 높다. 한인 미용실이 없지는 않으나 매번 한인 타운을 찾아가기엔 거리가 너무 멀었다. 그래서 단골 미용실을 찾는 것을 포기하고 내가 직접 머리카락을 자르기 시작했다. 처음엔 당연히 엉망진창이었다. 하지만 점점 요령이 생겼고 급기야 셀프염색까지 도전하기에 이르렀다. 캐나다에 처음 왔을 때 용기를 내고 탈색을 하게 된 계기는 이곳의 할머니들이었다. 빨주노초파남보 각양각색의 색깔로 염색한 할머니들이 너무도 멋있어 보였다. 원색을 내기 위해서는 탈색을 먼저 해야하는데 이미 머리카락이 하얗게 된 할머니들은 탈색 과정이 필요없으니 젊은 사람들이 한 염색보다 밝고 화려했다. 그러니까 사실 알록달록한 염색에 가장 적임자는 대학생이 아니라 할머니였던 것이다. 멋쟁이 할머니들을 보며 용기를 키웠고 나는 셀프 탈색을 감행했다. 모발이 굵고 색이 어두운 편인 내 머리카락에 완벽한 색을 입히기 위해서는 탈색을 4번 이상 해야했다. 두피에 가벼운 화상과 빗자

루같은 머릿결을 얻었지만 완벽한 실버그레이의 머리색을 얻을 수 있었다. 아침에 일어나 거울을 볼 때마다 솔직히 내 머리색에 매번 반했다. 그 이후로 파란색, 청록색, 보라색, 하늘색, 에메랄드 그린색, 연보라색, 회색, 분홍색, 레몬색……. 세상의 언어로 이름 붙여진 거의 모든 색을 다 경험해본 것 같다. 여러 번의 탈색으로 하얀머리를 얻으니 마치 도화지에 물감이 스며들듯 어떤 색깔도 다 흡수하고 발색했다. 나는 그런 머리로 회사 면접도 보고 일도 했다. 내 머리 색깔이 취업이나 업무에 문제가 된 적은 단 한번도 없었다. 유일하게 환영받지 못했던 상황은 한국인이 주인인 식당에서 서빙 아르바이트를 할 때뿐이었다. 심지어 그때는 짙은 파란색이라 그렇게 파격적이도 않았는데 식당의 품격이 떨어진다는 이유로 검은색으로 다시 염색 해오라는 경고를 들었다. 파트타임이 필요한 상황이었기에 눈물을 머금고 머리색을 포기했다. 캐나다에서 누군가의 강요로 내가 원치 않은 머리스타일이나 복장을 해야했던 처음이자 마지막 경험이었다.

며칠 전, 국회 앞에서 40일 넘게 차별금지법 제정의 목소리를 내며 단식 농성을 하던 활동가들이 응급실로 실려 갔다는 기사를 접했고, 그날 나는 늘어난 뱃살을 빼보겠다며 3일 단식을 하고 있었다. 그리고 오늘 공청회조차 성사되지 못한 채 국회의 외면 속에서 46일만에 농성을 철수했다는 인터넷 뉴스 기사를 읽으며 그들이 얼마나 외롭고 배고팠을지 생각한다. 차별을 금지하고 차이를 존중받으며 살고 있는 이곳의 사람들이 누리는 마땅한 권리가 한국에서는 누군가가 쓰러질 때까지 굶어야 하는 일이라는 것이 슬프다. 당연한 것이 당연해지기까지 얼마나 많은 피눈물과 또 얼마나 긴 외로운 외침이 필요한걸까. 더 이상 아무도 굶지 않을 수 있다면 좋겠다. 이 만리 타향에서 먹고싶은 것 다 먹어가며 그들의 이야기에 적당히 말 한마디 보태는 것은 이렇게나 쉽다. 언제쯤 차별이 두려워 개성을, 취향을 그리고 내 정체성을 스스로 아프게 지워야 하는 고통을 겪지 않아도 되는 한국이 될 수 있을까. 사람들의 몸에 새겨진 알록달록한 문신과 머리색처럼 이곳의 다양한 모습들의 자유로운 행복을 마주할 때마다 그리고 그것들이 아름답다고 느낄 때마다 생각이 난다. 이젠 흉터가 되어버렸을 옛 동료가 몸에 새길 만큼 오래도록 간직하고 싶었던 그것은 무엇이었을까.

알아두면 '은근' 쓸데있는 신박한 팁

알쓸신TIP

#28 '타투의 천국' 캐나다지만 시장의 크기와 퀄리티가 꼭 정비례하는 것은 아닌 모양이다. 캐나다에 와서 타투를 시술받겠다는 사람이 있다면 조심스럽게(그러나 아주 강력하게) 말리고 싶다. 가끔 삼촌, 이모가 낮잠 자는 사이 4살 배기 조카가 크레파스로 그렸을 법 해보이는, '내 눈을 도저히 믿을 수 없는' 영구 타투들을 볼 때마다, 언젠가 나도 타투가 하고 싶은 날이 오면 반드시 한국에 가야겠다고 다짐한다. 물론 캐나다에도 한국 사람들이 하는 타투샵들이 많아졌지만 말이다. K팝, K드라마, K뷰티에 이어 전세계가 열광하는 K타투의 우수함을 본국에서 누리시길!

에필로그

　이미 잘 비벼놓은 비빔밥같은, 뒤섞인 경험들과 당시의 감정들을 가까이서 들여다보며 '이건 시금치고, 저건 고사리였구나'하며 가지런히 정리하는 과정은 생각보다 쉽지 않았다. 하지만 꼭 필요한 과정이었고 1년에 걸친 원고 작업을 끝낼 무렵에는 '나는 왜 여기서?!'라는 질문에 어느 정도 나의 대답을 가질 수 있게 되었다. 여행을 끝내고 와서 반추할 때 진짜 여행이 시작된다는 말처럼 그저 지나고 쌓이기만 했던 과거의 시간들을 하나하나 되짚어 글로 꺼내놓는 과정을 통해 그때의 시간들이 '진짜 경험'이 되어 내 안에 차곡차곡 쌓이기 시작했다. 늦깎이 이민자로서 낯선 문화에서 산다는 것은 분명 어렵고, 불편하고, 성가신 일이다. 그럼에도 불구하고, 떠나지 않았다면 모르고 살았을 많은 것들을 몸으로 부딪히며 배웠고 나는 기꺼이 좀 더 불편해하며 아직은 조금 더 배우고 싶다는 결론을 내렸다. 그리고 무엇보다, 여전히 낯설고 어색한 캐나다와 조금 더 친해질 수 있을 것 같다는 희망과 용기가 생겼다.

원고를 쓰면서 가장 힘들었던 것은 이 책이, 목차만 읽힌 채 냄비 받침대로 용도 변경을 하게 되는 건 아닐까 하는 두려움이었다. '네 일기 너나 재밌지'. 어느 에세이의 독자 서평에서 발견한 날카로운 저 한 마디가 원고 작업을 하는 내내 귓가에 울려 하루에도 열 두번씩 출판사에 달려가고 싶었다. 아무래도 안되겠다고. 이건 그냥 나만 재미있는 이야기가 될 것 같으니 종이 낭비를 하면 안되겠다고……. 그럼에도 불구하고 원고를 무사히 마무리할 수 있었던 것은 꼭 전하고 싶은 마음의 이야기가 있었기 때문이다.

답답한 한국 사회를 하루 빨리 탈출하라는 이민 권유도 아니고, 캐나다가 '킹왕짱'이라는 캐나다 홍보도 아니다. '떠나보니 좋은가요?'라고 물었던 사람들의 질문에 7년 이란 긴 시간동안 단 한 번도 시원하게 대답을 해주지 못해 채무같은 마음의 빛이 있었다. 이 책은 그 질문을 한 사람들에게 바치는 나의 긴 대답이다. 퇴사를 한다거나 이민을 한다거나 하는, 삶의 굵직한 변화를 위한 도전은 특별한 사람만 하는 것이 아니라는 말을 해주고 싶었다, 아니 보여주고 싶었다. 내가 이민 가방을 들고 떠난 모습만 기억하며 나에게 부럽다는 말과 함께 용기가 대단하다고 덧붙이는 그들에게. 그리고 1년 뒤, 2년 뒤에 또 같은 말을 하는 그들에게 말이다. 나는 그렇게 용감한 사람이 아니다. 대신 후회에 매우 취약한 사람이다. 대단한 용기가 있어 할 수 있었던 게 아니라 5년 뒤, 10년 뒤의 내 모습을 상상했을 때 후회할 내 모습이 두려웠기에 뭐든 해봐야만 했다. 그리고 '영심이'같은 눈매 때문에 꼼꼼하고 똑부러질 것 같다는 오해를 많이 받지만 나는 결코 그렇지 못한 사람이다. 아흔아홉 가지의 자질구레한 것들에 필요 이상으로 신경쓰느라 가장 중요한 한 가지를 까먹고 놓치는 허당이다. 이민 초기에 내가 겪은 수 많은 좌충우돌들은 내가 허술한 사람이 아니었다면 겪을 필요가 없는 것들이 팔 할이 넘을 지도 모르겠다. 그래서 말하고 싶었다. 반드시 철저한 계획이나 완벽한 준비가 되어야 할 수 있는 것은 아니라고. 그것이 당신의 삶의 어떤 결단이나 도전이든 말이다.

'사진은 역시 칼라'가 아니겠냐며 비싼 컬러 인쇄까지 요구한 뻔뻔한 무명 작가의 부족한 원고를 흔쾌히 받아주신 출판사 대표님과 이 책을 여기까지 읽어주신 독자분들께 무한한 감사의 마음을 전한다. 이 책이 무사히 세상에 나와 혹시나 한 줄 서평까지 달리는 행운을 누린다면 그리고 이런 한 줄이라면 진심으로 기쁠 것 같다.

"이런 사람도 그럭저럭 살고 있는 걸 보니 나도 할 수 있겠는데?"

2022년 6월 9일

캐나다 밴쿠버로부터 동쪽으로 한참 떨어진 시골에서.

무작정 퇴사,
그리고 캐나다

2022년 9월 16일 초반 발행
2022년 9월 16일 초판 1쇄

지은이　황서영
　　　　　sing.in.the.attic@gmail.com
발행인　서명수
발행처　서고
주　소　(36744)경상북도 안동시 공단로 48
전　화　054-856-2177
F a x　054-856-2178
E-mail　diderot@naver.com

ISBN　979-11-979377-2-9

*이 책은 저작권법에 따라 보호를 받는 저작물이므로 무단전재와 복제를 금합니다.
*이 책의 내용 전부 또는 일부를 사용하려면 반드시 저작권자의 동의를 받아야 합니다.
*잘못된 책이나 파손된 책은 구입하신 서점이나 출판사 서고에서 교환해 드립니다.